CHRISTINA POHL

FUCKIN' FIFTY

WIE MAN IN DIE JAHRE KOMMT, OHNE PEINLICH ZU WERDEN

PENGUIN VERLAG

Sollte diese Publikation Links auf Webseiten Dritter enthalten,
so übernehmen wir für deren Inhalte keine Haftung,
da wir uns diese nicht zu eigen machen, sondern lediglich
auf deren Stand zum Zeitpunkt der Erstveröffentlichung verweisen.

Penguin Random House Verlagsgruppe FSC® N001967

1. Auflage 2021
Copyright © 2021 by Penguin Verlag
in der Penguin Random House Verlagsgruppe GmbH,
Neumarkter Straße 28, 81673 München,
und SPIEGEL-Verlag Rudolf-Augstein GmbH &Co. KG,
Hamburg, Ericusspitze 1, 20457 Hamburg
Umschlaggestaltung: Favoritbuero, München
Covermotive: Shutterstock/© GoodStudio, © MaryCo
Satz: GGP Media GmbH, Pößneck
Druck und Bindung: CPI books GmbH, Leck
Printed in Germany
ISBN 978-3-328-10776-7
www.penguin-verlag.de

Inhalt

Vorwort: Der Ofen ist aus

Meine Augen schließen sich wie von selbst. Ich habe es mir auf einem Stuhl im Wartezimmer meines Gynäkologen gemütlich gemacht. Nach einer durchzechten Nacht bin ich gerade noch pünktlich zum jährlichen Kontrolltermin erschienen.

Zumindest mein Körper ist zugegen, wenngleich nur seine ermattete Hülle. Der Geist hingegen schwingt noch selig das Tanzbein und bewegt sich erstaunlich agil zu wummernden Bässen. Hach, ich liebe die Musik, was für eine herrliche Nacht! Bumm, bumm, schwelg …

»Frau Pohl, es tut uns so leid!«, vernehme ich plötzlich die Stimme des Gynäkologen im Türrahmen, »unsere Anmeldung hat Sie einfach vergessen.« Ich muss wohl eingeschlummert sein. Es ist sonst niemand mehr im Wartezimmer.

Ich schlurfe dem Arzt hinterher, lasse die Untersuchung über mich ergehen und freue mich schon auf mein Sofa und Netflix, da schaut er mich wissend an und sagt: »Es ist so weit: Die Eierstöcke haben die Produktion befruchtungsfähiger Eier eingestellt. Das ist in der Regel bei allen Frauen mit fünfzig so. Danach kann man eigentlich die Uhr stellen.«

Eine Botschaft, die er schon öfter verkündet haben muss, denn er trägt sie flüssig vor, mit eingeübter Mediziner-Miene, Modell »Empathie«.

Regel, wieso Regel, wieso vorbei? Ich bin plötzlich hellwach, und der Kopf schmerzt. Wie bitte? Der Ofen ist aus?

Warum sagt einem vorher niemand, dass diese »Deadline 50« vorhersehbar ist? Warum bereitet einen niemand besser darauf vor, so dass fast jede Frau die Uhr danach stellen kann?

So, wie man Kinder aufklärt und ihnen die Sache mit dem Geschlechtsverkehr näherbringt. Es könnte sich vielleicht irgendjemand zuständig fühlen, Frauen, die auf die fünfzig zugehen, reinen Wein einzuschenken. So, wie die nette Tante die Nichte zur Seite nimmt und vorsichtig zu erklären versucht, wie ein Kondom funktioniert.

Ich könnte mir jemanden wie Gott vorstellen, nur in weiblicher Version, aber mit Bart. Eine unrasierte Göttin, die mir sagt: »Alles nicht so schlimm, wird schon!« und mich tröstet. Es pikst ein wenig, als sie mich in den Arm nimmt – in meiner Vorstellung.

Der Mann in Weiß erzählt inzwischen irgendwas von Scheidentrockenheit und dass ich jetzt DEFINITIV nicht mehr schwanger werde. Das will ich gar nicht hören! Ich bin doch ein Teenager in den besten Jahren, gestern Nacht jedenfalls noch.

Scheidentrockenheit, wie brutal, was für ein grausames Wort, es will mir nicht über die feuchten Lippen kommen, ich kann jetzt nicht darüber reden. Ich nicke nur, versuche irgendwie unbeteiligt zu wirken.

Der Arzt schaut mich noch wissender an.

Okay, vielleicht muss er es auch so brutal aussprechen, um zu mir durchzudringen. Ein Doktor erkennt bestimmt sofort die Symptome einer Rock-'n'-Roll-Nacht. Vielleicht riecht er es auch.

Jetzt guckt er mich an, mit leicht geneigtem Haupt, als würde ihm eine Version von Steven Tyler von Aerosmith auf dem Patientenstuhl gegenübersitzen, aber die von vor dem Facelifting.

Oh, Hilfe, es ist Mitleid! Dann grinst er ein wenig zu schief und sagt: »Wir sehen uns in einem Jahr wieder!«

In einem Jahr? Sehe ich dann aus wie Mick Jagger?

Panik macht sich in meinem über Nacht gealterten Körper breit. Ich habe plötzlich das Gefühl, eine wichtige Entwicklung verpasst zu haben: den Verfall meines Torsos samt Gebeinen und Schädel, der jetzt arrhythmisch brummt.

Den muss ich erfolgreich verdrängt haben in den letzten Jahren. Es ist aber auch verzwickt. Wie hätte ich denn von allein darauf kommen können? Wer hat an der Uhr gedreht?

Warum sagt einem niemand, dass mit fünfzig eine neue Zeitrechnung beginnt?

In der Regel wird wenig über den Verfall eines Körpers gesprochen. Das Altern ist auch wirklich im höchsten Maße unerfreulich, aber über andere beunruhigende Veränderungen im Leib wird doch auch öffentlich diskutiert. Bei YouTube gibt es jede Menge Aufklärungsvideos zur Pubertät, aber man sucht vergeblich nach einem Äquivalent zum Älterwerden.

»Aufklärung Alter«, googeln Sie das mal! Dann kommt eine ganze Seite zur Sexualerziehung bei Kindern. Dabei wäre das Thema Altern auch ein prima Volkshochschulkurs. Ich würde ihn »Das Alter – eine verdrängte Notlage« nennen.

Doch das Betagtwerden wird in der Regel totgeschwiegen. Also befand ich, es wäre doch ganz gut, darüber zu schreiben. Vielleicht bin ich nicht die Einzige in Not. Doch im nüchternen Zustand wurde mir klar, wie wenig ich über das Älterwerden weiß, wie lange ich es ignoriert habe. Im Ernst: Mir war nicht wirklich bewusst, dass ich älter werde.

Klar, so eine durchzechte Nacht tut mehr weh als früher. Es zwickt hier und da, aber ist mein Verfallsdatum wirklich so nahe? Echt jetzt?

Zur Beantwortung dieser vielen faltigen Fragen, die sich gefühlt so auch in mein Gesicht eingegraben haben, beschloss ich, eine Bestandsaufnahme zu machen. Welche Anzeichen gibt es zu beklagen, und wenn ja, wie viele? Ich fing an, die Antworten aufzuschreiben. Dann sprach eine Kollegin mich an, ob ich nicht Lust hätte, an einer Midlife-Kolumne mitzuwirken. Wir bilden seitdem eine Viererbande, zwei Frauen, zwei Männer, die sich abwechselnd über diese schwierige Lebensphase in der »Alter! – Die Midlife-Kolumne« auf SPIEGEL.de Gedanken machen. Denn wie sich herausstellte, war ich nicht die Einzige, die sich plötzlich einer äußerst unangenehmen Wahrheit stellen musste.

Selbst die sonst realitätsnahen Kollegen beim SPIEGEL verhalten sich seltsam, wenn es um das Thema Altern geht. Für eine investigative Geschichte taugt es wohl nicht. Ich weiß nicht, ob sich jemand trauen würde, das vorzuschlagen. Stattdessen: Pssst!

Der Erste, der mich auf meine neue Kolumne anspricht, nimmt mich in der Kantine zur Seite. Mit gedämpfter Stimme sagt er:»Das ist toll, was du da schreibst, so mutig!«

Er schaut mich an, als hätte ich öffentlich eine Crack-Sucht offenbart oder wäre einmal nackt durch Deutschland gelaufen. Sein Blick ähnelt dem des Gynäkologen, es ist auch ein wenig aufgesetzte Anteilnahme darin. Dabei ist er drei Jahre älter als ich!

Die meisten Menschen über fünfzig wären gern unter dreißig. Doch eigentlich sind wir Babyboomer schon rein zahlenmäßig sehr mächtig. Wir könnten unser Alter ruhig öffentlich vor uns hertragen. Stattdessen habe auch ich lange so getan, als gäbe es diese unangenehme Erscheinung bei mir nicht.

Vielleicht sind auch Sie, liebe Leserinnen und Leser, mit diesem Buch verschämt zur Kasse geschlichen, den

Titel unlesbar nach unten gedreht, als hätte man einen Hardcoreporno unter dem Arm, schnell den Strichcode mit der ISBN der Tresenkraft untergeschoben, damit sie ja nicht auf die Idee kommt, zu gucken, um welchen Titel es sich handelt.

Aus eigener Erfahrung kann ich nur sagen: Sobald es raus ist, lebt es sich leichter.

Also schreibe ich über das Älterwerden, mit dem niemand so richtig etwas zu tun haben möchte.

Übrigens: Seitdem ich die fünfzig überschritten habe, werde ich bevorzugt behandelt beim Gynäkologen und komme immer sofort dran. Vielleicht liegt es aber auch daran, dass ich jetzt das Komplettpaket Extra-Vorsorgeuntersuchungen, das ich aus lauter Angst vor dem frühzeitigen Ableben gebucht habe, selbst zahle.

Was nun, Frau Pohl?

Bei großen und heiklen politischen Lagen wird ein hoher Würdenträger im Amt vor die Fernsehkameras gezerrt und einvernommen. »Was nun, Frau oder Herr XY?«, so heißen die Sendungen im öffentlich-rechtlichen Rundfunk. Dieses Format muss ich nun auch auf mich anwenden. »Frau Pohl, wie konnten Sie so lange Zeit die Realität von sich fernhalten?« Dieser Frage will ich mich jetzt stellen. Ich sitze ganz allein in meinem Studio, das mit einem ziemlich fiesen Verhörlicht ausgestattet ist.

Gestern noch habe ich Abi gemacht, heute habe ich Rücken. So fange ich an, meine unangenehme Lage zu beschreiben. So fühlt sich das Altern plötzlich an. Es kam buchstäblich über Nacht und schreit mich an. Ich fühle mich, als hätte ich den Reifeprozess nicht mitgemacht oder irgendwie verpeilt. Vielleicht habe ich aber auch einfach geschickt umschifft, was jetzt definitiv nicht mehr zu leugnen ist: Plötzlich bemerke ich, dass ich zu einer anderen Generation gehöre, als ich lange glaubte. Mein geburtenstarker Jahrgang 1965 gehört wie alle zwischen 1955 und 1969 zu den Babyboomern. Ein guter Jahrgang, wie ich finde, aber wieso bin ich auf einmal in eine Altersgruppe gelangt, die abschätzig belächelt oder im Internet übel beschimpft wird? Wir seien konservativ und halsstarrig, legten arrogantes Verhalten an den Tag, und hätten etwas »Belehrendes«. Ich bin nur froh, dass ich nicht »Karen« heiße (»This is someone talking shit about a younger generation«).

Beim Segeln gibt es den Unterschied zwischen dem »wahren« und dem »scheinbaren« Wind. Je nachdem, wo man sich aufhält, ist der Wind ein anderer. Der wahre Wind ist der, den man an Land spürt, an einem festen Ort. Begibt man sich auf See, mischt sich dieser wahre Wind mit dem Fahrtwind des Bootes und es ist plötzlich der »scheinbare Wind«. Das kann man auch an Land auf einem Fahrrad nachahmen.

Es funktioniert ziemlich gut. Ich habe das mal ausprobiert: Wenn man etwa genauso schnell, wie der Wind weht, in seine Richtung fährt, dann spürt man den Wind »scheinbar« kaum. Obwohl die Wipfel der Bäume sich in ihm wiegen. Er hebt sich quasi auf.

So oder so ähnlich bin ich wohl mit dem Wind Of Change gerast, dass mir gar nicht auffiel, wie neben mir die Zeit verstrich. Benjamin-Button-mäßig muss ich unterbewusst darauf gehofft haben, dass der Prozess sich vielleicht sogar umkehren lässt, entgegen aller Naturgesetze. Wenn man nur schneller ist als die Zeit.

Ich bin über Jahrzehnte mit kaputten Jeans in Konzerte gegangen. Neben mir wurden die Leute älter und fingen an, Funktionskleidung zu tragen. Verdrängt.

Ich wundere mich immer noch, wenn ich in der Öffentlichkeit gesiezt werde. Sehe ich so alt aus? Ja, aber auch das habe ich erfolgreich ignoriert.

Ich war neulich bei meiner Hausärztin. In totaler Verwunderung, dass ich krank war, sagte ich: »Ich war doch nie richtig krank.« Die Ärztin schaute mich mit der Mediziner-Miene Typ »Wie sage ich es ihr am besten?« an und diagnostizierte trocken: »Das muss nicht immer so bleiben.« Beiseitegeschoben. Bis eben.

Jetzt muss ich wohl mal kurz stehen bleiben und dem wahren Wind ins Auge schauen. Aua, das tut weh, er bläst mit Orkanstärke! Ich mache die Augen zu.

Vielleicht will ich das doch nicht?

Oder kann ich mich mit dem Altern anfreunden? Dazu müsste ich es zumindest mögen. Ich könnte es (im Folgenden »Alter« genannt) aber auch in die Wüste schicken. Ich kann die Augen schließen oder mich der neuen Realität stellen, Alter!

Mein innerer Schweinehund und ich haben ausgemacht, dass ich in Zukunft die Anwesenheit von »Alter«, zumindest zeitweise, aushalten werde, egal wie hässlich es ist. »Alter« ist ein Kerl, das weiß ich ganz sicher. Ich kann mich nicht erinnern, ihn eingeladen zu haben. Er ist mir zugelaufen wie ein räudiger Hund, der drollig guckt, aber ein wenig müffelt. Vielleicht sollte ich ihn mir mal genauer anschauen?

Szenen einer unausweichlichen Annäherung
1

»Alter« kommt jetzt jeden Tag vorbei, er ist ständig präsent. Der Hund kann plötzlich sprechen, als hätte er ein Elixier getrunken, das ihn menschlicher macht. Er säuselt sogar und macht mir Komplimente: »Du siehst heute wirklich hinreißend aus!«

Ach, gestern etwa nicht? Ich bin misstrauisch. Ist er wirklich so nett, was will der bloß von mir?

»Ich möchte dich gern zum Italiener entführen«, sagt er, lehnt sich lasziv am Türrahmen an und grinst, »der hat Tische draußen, das Wetter soll sich halten. Ich lade dich ein!«

Okay, essen gehen, das klingt ungefährlich. Dann schauen wir uns den Kerl mal genauer an.

Ich schnappe mir meine Jacke, in der in der Regel das Sturmgepäck verstaut ist: Geld, Handy und so weiter. Ich habe eine ähnliche Abneigung gegen Handtaschen wie Elke Heidenreich. Das Problem ist nur, dass meine Brille so groß ist, dass das dazugehörige Etui schwer aufträgt. Ob ich es deswegen vergesse, ich erinnere mich nicht, es geht alles so schnell. Jetzt stehen wir auf der Straße.

Der Typ sieht irgendwie gut aus, denke ich. »Alter« schaut schelmisch und fragt: »Na, wie geht's uns heute?« »Und selbst?«, gebe ich schnippisch zurück und gehe betont schneller als er zum Restaurant. Er hat keine Mühe, mir zu folgen.

Der Kellner bringt die Karte. Mist, ich habe die Brille nicht dabei. Ohne die kann ich so gut wie nichts entziffern. Scheinheilig frage ich nach dem Tagesmenü. Das schreiben sie immer auf eine große Tafel. Der Kellner schleppt sie an unseren Tisch, drapiert sie auf einem Stuhl und liest mit einem schweren Giovanni-Trapattoni-Akzent vor, was heute gereicht wird. Fast alle Gerichte darauf sind teurer als auf der regulären Karte, aber ich bin ja eingeladen. »Hausgemachte Sepia-Ravioli mit Edelfischfüllung und Flusskrebssauce!«, verkünde ich meine Bestellung.

Das Essen ist köstlich, und niemand merkt, dass ich im Nahbereich ohne Brille nicht mehr gut gucken kann. Doch das kostet mich einiges heute. »Alter« hat nämlich sein Portemonnaie vergessen und zwinkert mir zu: »Sorry, du ahnst es, man wird vergesslich!«

Lost in Alterssichtigkeit

Ich fluche und bin sehr wütend. Gerade versuche ich, eine französische Tankselbstbedienungssäule zu betätigen. Sie verspricht mir mit sonorer weiblicher Roboterstimme, dass sie auch Englisch kann, aber im nächsten Schritt hat sie das schon vergessen.

Ich bin mutig – ohne Brille – an das Pump-Ungetüm herangetreten. Das Display scheint mir groß genug. Mit meinen rudimentären Französischkenntnissen wähle ich Zapfsäule 1, als ich sehe, dass mein Mitreisender den Wagen dreht. Der französische Schlauch scheint nicht lang genug, um über das deutsche Auto bis zum Einfüllstutzen zu reichen. Da nähert sich ein Landsmann der Roboterstimme in einem Peugeot und parkt direkt vor Zapfsäule 1.

Der Automat spuckt einen Bon aus, den ich triumphierend an mich reiße. Darauf muss ja stehen, dass ich die Hoheit über eben diese Zapfsäule erlangt habe. Ich drücke ihn meinem Mitreisenden in die Hand und fuchtele cholerisch wie Louis de Funès mit meinen

Armen, fühle mich wie ein sehr kleiner Polizist beim Anweisen des Kreisverkehrs auf der Place Charles-de-Gaulle. Ich schaffe es, den Spritjagenden zu vergrämen. Mein Mitreisender erobert Zapfsäule 1 zurück. Doch sie will partout nicht einen Tropfen Sprit herausrücken. Er zeigt auf den Bon und liest vor, denn er kann die winzigen Lettern dechiffrieren: »Transaction annulée«.

Ich habe keine Ahnung, was der ältere Herr am Steuer des Peugeot denkt, als ich danach zum Automaten zurückkehre und die ganze Prozedur von vorn beginne. Es muss irgendetwas mit »boche« (traditionelles Schimpfwort für Deutsche aus deutsch-französischer Feindschaft) zu tun haben. Wir sind in der Gegend von Verdun.

Dabei wollte ich wirklich keinen Krieg um eine Zapfsäule anzetteln. Ich war vor allem wütend auf mich selbst, denn ich bin A-L-T-E-R-S-S-I-C-H-T-I-G. Meine Fähigkeit, im Nahbereich zu fokussieren, ist geschrumpft.

Die Augenlinsen altern. Wie Muskeln und Gebeine sind sie zu Beginn des Lebens noch sehr elastisch. Mit den Jahren werden sie dicker und härter. Das Gewebe verdichtet sich. Die Linsen sind dann nicht mehr agil genug und können in der näheren Umgebung nicht mehr scharf stellen. Der Prozess ist unumkehrbar. Keine Augengymnastik der Welt kann sie geschmeidiger machen.

Der Volksmund spricht von »ALTERSWEITSICH-TIGKEIT«, ein Euphemismus, als hätte das auch etwas

19

Positives, Vorausschauendes, vielleicht sogar Weises. Doch das Wort ist nicht nur falsch, es täuscht auch über die Tatsache hinweg, dass in Wahrheit mit dem Altern der Augen eine echte Behinderung im Alltag eintritt.

Es muss so mit Mitte vierzig gewesen sein, da verschwammen die Buchstaben vor meinen Augen, als hätte ich schlecht geschlafen. Lange habe ich geglaubt, man könne das irgendwie wegzwinkern. Vor allem habe ich aber versucht, das neue Leiden als Zeichen des Alterungsprozesses zu kaschieren.

Wenn Menschen mit noch elastischen Linsen (junge Leute) mir auf dem Smartphone etwas zeigen wollten, habe ich generös genickt und Zustimmung suggeriert, obwohl ich in Wahrheit keine Ahnung hatte, was genau ich da hätte sehen sollen.

Irgendwann ließ es sich nicht mehr verstecken und ich brauchte eine Brille auf meiner Pinocchio-Nase.

Das war immer der Horror für mich. Vor meinem geistigen Auge erschienen Bilder von uralten Lehrerinnen, die streng und schmallippig über ihre Lesebrille äugten. Ich sah mich schon mit Doppelkinn andere Menschen rüde zurechtweisen und belehren.

Doch ich hatte Glück mit einer Optikerin aus der Generation »Noch elastische Linse«. Sie verpasste mir eine Brille, die so gar nicht nach halbem Glas aussah. Eher nach spätem John Lennon. Damit konnte ich leben, vor allem aber plötzlich wieder sehen.

Die Welt ist leider nur für elastische Linsen ausgelegt. Rein optisch ist ab vierzig Schluss. Schilder, Speisekarten und Gebrauchsanweisungen werden zu verschwommenen Ansammlungen seltsamer Hieroglyphen. Teile des öffentlichen Lebens bleiben einem verschlossen, wenn die Brille nicht gerade am Mann oder der Frau getragen wird.

Ich bin nur froh, dass Apple auf dem iPhone eine Lupe installiert hat. Das hilft vor allem dann, wenn die Lesehilfe mal wieder unauffindbar ist.

Mit dem Alter, so scheint mir, kommt leider auch eine gewisse Vergesslichkeit hinzu. Ich kenne Leute, die haben sich gleich acht Lesebrillen im Drogeriemarkt gekauft und sie an neuralgischen Punkten deponiert.

Ich bin eher der Typ »Lost in Alterssichtigkeit«. Manchmal lasse ich die Brille sogar vorsätzlich zuhause und lerne die Speisekarte des Restaurants, in dem ich verabredet bin, vorab im Internet auswendig. Man muss sich nur zu helfen wissen.

Wenn also »elastische Linsen« mit dem Smartphone auf mich zukommen und ich zu erkennen gebe, dass ich nichts erkennen kann, halten sie aus Reflex das bildgebende Gerät näher an meine Augen heran. Dass das wenig hilfreich ist, können sie natürlich nicht wissen. Ich löse das über einen beherzten Schritt rückwärts. Eine Armlänge reicht leider nicht mehr aus.

Und es wird noch schlimmer. Die Alterssichtigkeit verschiebt sich bis zum Alter von 65 Jahren auf einen

Abstand von zwei Metern. Drei Dioptrien braucht die Lesebrille dann.

Rosige Aussichten sehen anders aus. Egal: Ich setze mich beim Essengehen einfach dahin, wo schon am Nachbartisch eine Menü-Tafel steht. Der Abstand müsste reichen. Und ich übe den Alters-Weitsprung rückwärts. Zwei Meter müsste ich schaffen.

Szenen einer unausweichlichen Annäherung
2

Das Telefon klingelt. »Alter« ist dran. Boah, der fängt jetzt schon an zu nerven! Wir haben uns doch erst gestern gesehen. Ich will auch mal einen Tag allein sein, mal nicht an ihn denken.

»Ich glaube, wir können uns eine Weile nicht mehr treffen«, sagt er vorsichtig.

Puh, mir fällt ein Stein vom Herzen. »Warum denn nicht?«, frage ich gespielt im Frequenzbereich eines fünfjährigen Mädchens.

»Dieses neue Coronavirus. Wie du dir vielleicht denken kannst: Ich gehöre leider zur Risikogruppe. Die Seuche überträgt sich auch über die Atemwege. Vielleicht möchte ich mich dir irgendwann nähern, das geht dann aber nicht. Das wäre doch schade.«

Ich merke, dass mir das Blut in den Kopf schießt. Ich bin rot geworden. Damit hätte ich nun wirklich nicht gerechnet. Wie hat er das nur angestellt?

Ich kuschele mich in meine Decke auf meinem blauen Sofa und komme ins Grübeln.

Alter, färbt das ab?

Es gab eine Zeit, da saßen und aßen wir gemeinsam in Restaurants – undenkbar in diesen Tagen. Ich vermisse die Geselligkeit, denke an warme Tellergerichte, die mir serviert wurden, und katapultiere mich in die Vergangenheit: Weihnachten. Ich bin mit Freunden zum Festessen in einem Landhotel verabredet. Der Einfachheit halber habe ich mich dort einquartiert. Wir wollen schließlich auch anstoßen, so jung kommen wir nicht mehr zusammen!

Es ist das beste Haus am Platz, verfügt über vier Sterne, und die Küche verspricht eine »Sinfonie der Genüsse auf allerhöchstem Niveau«.

Es gibt auch einen Pool mit angegliederter »Wellness-Oase«. Darauf freue ich mich: entspannen, edel-köstlich speisen und abhängen – eine Landpartie, fernab der Großstadt, très chic!

Als wir nach dem Check-in zum Weihnachtsessen in einem kuscheligen Kaminzimmer platziert werden, bin ich noch arglos. Dort befinden sich eine Mutter mit ihrer Tochter und ein Paar mittleren Alters. Wir speisen vorzüglich, es gibt Geschenke und »gepflegte Getränke«, wie man so landläufig sagt. Ich frage mich immer, wie diese Pflege aussieht, ob jemand die Flaschen dann und wann abstaubt oder streichelt.

Egal – zum ersten Mal wundere ich mich, als ich die Örtlichkeiten aufsuchen muss. Ich gehe durch den Schankraum, der riesig ist. Und da sitzen sie: Sechzig bis siebzig Herrschaften aus der Generation »Früher war mehr Lametta«. Wir im Kaminzimmer können den Altersdurchschnitt nicht mehr rausreißen. Man hat uns also abgeschirmt, so viel kann ich in meinem angetüdelten Zustand noch kombinieren.

An der Rezeption steht eine Dame, so um die achtzig, im Bademantel. Sie ist völlig verwirrt und fragt immer wieder, wo es zu ihrem Zimmer gehe. Glücklicherweise nimmt sich die Rezeptionistin der verlorenen Seele an. Auf dem Weg zurück entdecke ich noch eine Bundeskegelbahn und ein Raucherzimmer, im Flur riecht es streng nach »abgehangener« Zigarre.

Doch ich denke mir nichts weiter, wir genießen noch einen Digestif und erzählen uns dazu den ein oder anderen Schwank aus unserer Jugend.

Mitten in der Nacht wache ich dann auf. Im Nebenzimmer hustet ein Mann. Es klingt nach einer schweren Lungenkrankheit: Asthma, COPD oder so. Weit über drei Stunden dauert das Röcheln.

Völlig zerknittert tauche ich beim Frühstück auf und fühle mich verdammt alt. Doch ich bin mit Abstand die Gesichtsjüngste. Am Nebentisch sitzt ein Herr, so um die achtzig. Zwei Damen seines Alters nähern sich und flirten völlig ungehemmt mit dem einzigen männlichen Exemplar ohne Begleitung. Er lächelt nur in sich hinein, das ist wohl nichts Neues für ihn.

Stimmt ja: Männer sterben im Durchschnitt früher als Frauen. Hilfe, muss ich das auch machen, wenn es so weit ist?

Hinter mir fragt die Bedienung eine nicht mehr ganz rüstige Dame, ob sie beim Gang aufs Zimmer Unterstützung brauche.

Erst da wird mir klar, dass ich in einem Altersheim für Betuchte gelandet bin. Sie verbringen die Weihnachtstage in einem Hotel. Klar, die Kinder sind aus dem Haus, vielleicht haben sie auch niemanden mehr.

Panik steigt in mir auf. Ich renne los. Auf dem Weg zum Zimmer komme ich noch am Pool vorbei, auch dort ruhen sie wie Sardinen auf den Liegen. Sie sind überall. Wie habe ich das am Vorabend nur verdrängen können?

Ich fliehe auf mein Zimmer und schaue mich im Badezimmerspiegel an. Wie werde ich in zwanzig Jahren aussehen?

An der Wand hängt so ein fieser, runder Vergrößerungsspiegel mit einer Ringbeleuchtung. Ich schalte sie an und da sind sie: Zwei Altersflecken mitten im

Gesicht! Das Alter hat abgefärbt, die waren da vorher nicht, ich schwöre!

Muss ich mich ab sofort schminken? Ich habe mir nie Make-up ins Gesicht geschmiert. Ich dachte immer, es würde die Poren verstopfen.

Let's face it, es ist so weit! Das sehen auch die anderen.

Wie sonst bin ich in diesem Buch gelandet?

Ein Angstschub überfällt mich, ich lege einen der schnellsten Check-outs meines Lebens hin und flüchte aus dem Hotel und vor meinem eigenen Verfall. Die nackte Angst macht sich breit, vielleicht ist das Alter auch eine ansteckende Krankheit, die mich gerade infiziert hat. Ich will noch nicht ins Altersheim. Ich muss dringend jemanden treffen, der jünger als fünfzig ist. Vielleicht verschwinden die Flecken dann wieder?

Mit einer Freundin verabrede ich mich zu einem Weihnachtsspaziergang. Wir landen auf einer Mini-Straße, die als »Unterhaltungsweg« ausgeschildert ist. Das meint wohl den Instandsetzungsbedarf, aber wir nehmen es wörtlich und lachen heiter und unbefangen über meinen Ausbruch aus dem »Seniorenstift«.

Das alles kommt mir jetzt so lächerlich und klein vor. Wie sich in diesen pandemischen Zeiten die Relationen verschieben! Ich kann die Bilder aus den italienischen Krankenhäusern nicht vergessen: Diese vielen alten Menschen, an Covid-19 erkrankt, sie liegen auf

dem Bauch und werden künstlich beatmet, die verzwei-
felten Ärzte und Pfleger und die Toten in den Särgen
auf den Armee-Lastern. Das Ende durch das Virus soll
wie Ertrinken sein, nur viel langsamer.

Ich hoffe, dass es allen Gästen des Landhotels gut
geht und dass der Mann, der so schlimm gehustet hat,
in Sicherheit ist.

Szenen einer unausweichlichen Annäherung
3

»Alter« steht vor der Tür. Er will nicht reinkommen. »Ich möchte eine kleine Fahrradtour mit dir machen, an der Alster entlang«, höre ich ihn sagen. »Okay«, antworte ich, »frische Luft hat noch keinem Alter geschadet.« Ich fahre ohnehin seit ein paar Jahren fast nur noch mit dem Fahrrad, auch um das Klima zu schützen. Das habe ich mir bei der jugendlichen Freitage-für-die-Zukunft-Bewegung abgeschaut.

Mein neuer Begleiter verschwindet kurz um die Ecke und taucht mit einem Bonanza-Rad wieder auf. Ein Fuchsschwanz aus Kunstfell hängt daran.

Ich will ihm jetzt keine Vorträge halten, wie peinlich er damit rüberkommt. Aber ein kurzes »Echt jetzt?!« entfährt mir doch. Er grinst nur und sagt ziemlich lässig: »Reine Sicherheitsmaßnahme, damit übersieht mich keiner!«

Nein, man kann ihn kaum übersehen: Er schaut aus, als hätte er sich seine langen Beine hinter die Ohren geklemmt auf dem fahrenden Bügelbrett. Leicht nach vorn gebeugt, versucht er den Windwiderstand wieder wettzumachen, den der in der Luft zappelnde Fuchsschwanz verursacht. Es ist zum Totlachen.

Alle schreien

Die Frau vor mir auf dem Fahrrad schreit. Ich sehe noch, wie jemand aus einem parkenden Auto aussteigen will. Dann geht alles ganz schnell: Die Autotür wird für die Frau auf dem Fahrrad zu einer Rampe. Sie fliegt fünf, sechs Meter durch die Luft und landet wie ein Käfer auf dem Rücken. Der Mann aus dem Auto geht auf sie zu und sagt: »Ich habe Sie nicht gesehen.« Dabei ist das eine Fahrradstraße, es gibt Rückspiegel, hat er in der Fahrschule den Schulterblick nicht gelernt?

Ich rufe den Notarzt. Die Frau kann sich immer noch nicht bewegen, Vakuummatratze, Stiff Neck und lauter Fragen. Welches Jahr gerade ist, weiß die Frau, jetzt ohne Fahrrad, nicht mehr. Sie behauptet steif und fest 2018. (Wir schreiben das Jahr 2019.)

Der Mann aus dem parkenden Auto wird verhört. Die Frau sei so schnell gefahren, behauptet er. Das stimmt nicht. Ich war direkt hinter ihr und habe genau in diesem Augenblick große Lust, den Mann anzuschreien.

Seitdem ich mit dem Fahrrad unterwegs bin, muss ich im Durchschnitt dreimal täglich um mein Leben fürchten. Im Laufe der Jahre musste ich mitansehen, wie der Umgang miteinander ruppiger und vor allem lauter geworden ist.

Ich erlebe tagtäglich, wie Radfahrer sich untereinander anschreien. Fußgänger brüllen Radfahrer an, Radfahrer Autofahrer, Autofahrer hupen Fußgänger an und bepöbeln Radfahrer. Das Vokabular steht dem eines ausgewachsenen Shitstorms in nichts nach.

Jeder gegen jeden.

Eine Zeit lang – es muss in meiner Jugend gewesen sein – hatte ich das Gefühl, dass die Menschheit sich weiterentwickelt. Wir waren Hippies, an meinem Indien-Kleid bimmelte beim Gehen immer so ein kleines Glöckchen. Zu jeder Gelegenheit nahmen wir uns in den Arm und versicherten uns gegenseitiger Zuneigung.

So ähnlich muss es auch in Woodstock zugegangen sein. Liebe, überall Liebe. 400 000 Menschen haben es dort miteinander ausgehalten, obwohl es an Toiletten und Übernachtungsmöglichkeiten fehlte. Eine Million Menschen war auf dem Weg zum Festival, über die Hälfte blieb im Rückstau stecken. Niemand regte sich auf, alle blieben friedlich und freundlich miteinander. Das Essen war schon vor dem ersten Ton alle. Und doch hat sich ein Gefühl von Gemeinschaft gebildet.

Damals prägten Vokabeln wir Solidarität, Mitmensch-
lichkeit und Nächstenliebe die Debatten um die
Zukunft der Menschheit.

Ja, ich weiß, auch damals war die Welt nicht friedlich.
Doch der Kalte Krieg fand ein Ende, Staaten taten sich
zusammen, die Entwicklungshilfe wurde ausgebaut
und man hatte fast den Eindruck, es kann nicht mehr
lange dauern, bis alle Länder dieser Erde eine gemein-
same Welt-Regierung bilden.

Wann sich die Entwicklung ins Gegenteil verkehrte,
ist schwer zu sagen. War es 2002 mit dem »Geiz ist
geil«-Werbespot? Es gibt tatsächlich eine Studie, die
offenlegt, dass die Menschheit wieder dümmer wird.
Der Durchschnitts-IQ sinkt. Wir entwickeln uns sozu-
sagen rückwärts.

Und irgendwann waren sie da: Trump, Erdogan, Bol-
sonaro, die AfD und die Trolle.

Der Ton wurde nicht nur im Internet rauer, auch auf
der Straße trat die Aggression zutage. Die Fähigkeit,
sich in jemand anderen hineinzuversetzen, schwindet.
Empathie – ein Fremdwort. Und ich werde älter und
fühle mich zunehmend machtlos.

Neulich fahre ich verkehrt rum in eine Einbahnstraße.
Das ist dort für Fahrradfahrer erlaubt. Es steht sogar ein
Schild am Anfang der Straße. Ein 7,5-Tonner kommt
mir auf dem engen Kopfsteinpflaster entgegen. Der
Fahrer sieht mich, gibt Gas und hält voll auf mich zu.
Ich springe vom Fahrrad und bringe mich zwischen

zwei parkenden Autos in Sicherheit. Der Lkw-Fahrer macht eine Vollbremsung und kurbelt sein Fenster runter. Es folgt eine Tirade der Trucker-Klasse. Ich versuche ihm zu erklären, dass Fahrradfahren in die Gegenrichtung hier erlaubt ist, aber er will nur sein Revier markieren. Er pisst seinen Schimpf-Strahl aus dem Fenster. Als er fertig ist, kurbelt er es hoch und fährt in der 30er-Zone mit mindestens 50 km/h davon.

Er hat mir nicht zugehört. Er wollte auch gar nichts hören, er wollte schreien und seine Wut loswerden.

Alle schreien, alle sind wütend. Woher kommt diese Wut?

Auch ich entdecke an mir, dass ich im Großstadtdschungel von null auf hundert in einer Sekunde lospöbeln kann. Die Weisheit, die sich beim Älterwerden einstellen sollte, hat auf der Straße keinen Platz.

Die Eskalation der Konflikte spiegelt auf erschreckende Weise eine Verrohung der Gesellschaft wider, die ich so nicht habe kommen sehen. Der Rüpel ist entfesselt, barbarisch sind seine Umgangsformen, und ich mache mit, obwohl ich es eigentlich aus meiner Hippie-Jugend besser wissen müsste.

Was ist bloß los mit den Menschen? Die meisten haben doch eine Schule besucht und wurden ordentlich sozialisiert.

Die deutsche Regierung wird nicht müde zu erwähnen, dass es uns gut gehe wie nie. Was genau ist damit gemeint? Vielleicht sollten mehr Minister Fahrrad fahren, raus aus den gepanzerten Limousinen. Ich empfehle dringend einen Aufenthalt in der Realität.

Manchmal schlägt es den Mächtigen entgegen, wie es Kanzlerin Merkel im Osten passierte. Die »Hau ab!«-Schreie zeugen von einer Aggression, die nicht so einfach mit einer ostdeutschen Sonderentwicklung nach der Wende zu erklären ist. So oder auf eine andere Art bricht sie überall hervor, am besten zu beobachten auf der Straße, im Alltag.

Generationen von Wissenschaftlern haben sich Kommunikations- und Konfliktstrategien ausgedacht. Doch wie alltagstauglich sind die? Man kann nicht immer einen Mediator mitnehmen, auf meinem Fahrrad jedenfalls hätte er keinen Platz.

Im Internet und auf der Straße geht es zu wie im Tierreich. Nur der Stärkere kommt durch.

Joaquin Phoenix alias »Joker«, späterer Gegner von Batman, hat die Situation im Film sehr treffend zusammengefasst:

»Hast du beobachtet, wie es da draußen zugeht? Jeder schreit und brüllt den anderen an. Niemand benimmt sich mehr zivilisiert. Niemand weiß, wie es dem anderen geht.«

Daraufhin diffundiert die Person Joker in einem Gewaltexzess. Für immer böse. Das kann auch keine Lösung sein.

Manchmal überlege ich, auf diese wütenden Menschen zuzugehen, sie einfach in den Arm zu nehmen, so wie man das mit einem Kind macht, das außer sich ist. Free Hugs, das hat durchaus Methode. Ich habe mir vorgenommen, fortan niemanden mehr anzuschreien. Ein Indien-Kleid mit Glöckchen hilft jetzt bestimmt nicht mehr.

Wann fängt endlich einer an, eine Bewegung zu gründen? Fridays for Fahrradfahrer? Oder: Mondays mit Mitgefühl?

Wednesdays with Warmth, Sundays Searching Sensibility, Tuesdays Take Tenderness, wenn es unbedingt komplett anglophil sein muss.

In Berlin überfuhr ein Lkw-Fahrer einen Jungen, als er bei Grün mit dem Fahrrad die Kreuzung überqueren wollte. Der Siebenjährige starb vor den Augen seiner Mutter. Der Kommentar des Truckers in der Gerichtsverhandlung: »Worauf soll ich denn noch alles achten?«

Das Urteil: sechs Monate Haft auf Bewährung und 500 Euro Geldstrafe.

Es ist zum Verzweifeln.

Szenen einer unausweichlichen Annäherung
4

»Alter« will ständig mit mir spazieren gehen. Ich soll mich wohl schon mal daran gewöhnen, laaaaangweilig! Einkaufen, essen und promenieren – dank Corona führe ich das Leben einer Frührentnerin. Und dann ist dieser Typ immer dabei!

Doch »Alter« ist immer wieder für eine Überraschung gut.
»Ich wollte mal mit dir über was sprechen«, wispert er geheimnisvoll zwischen zwei betagten Eichen. Was kann das nur sein, hat er vielleicht kein Interesse mehr an mir – bin ich gar zu jung für ihn? –, sucht er sich ein anderes Opfer, hat er vielleicht eine andere?
Er schaut auf den Boden und nuschelt ein wenig: »Ich würde mich freuen, wenn du nicht immer »Alter!« zu mir sagen würdest. Das klingt so prollig! Ich habe auch einen richtigen Namen.«
»Aber man soll doch die Dinge beim Namen nennen!«, entfährt es mir in einer ungewollten Schärfe. »Ich bin kein Ding!«, pariert er, »ich wäre gern dein neuer Begleiter.

Du brauchst vielleicht jemanden zum Reden in deiner aktuellen Krise?« »Krise, was für 'ne Krise?«, kreische ich und jage damit ein paar Singvögel von den Bäumen. »Na ja, du bist irgendwie schon ein bisschen aggro in letzter Zeit«, sagt er mit einem Zwinkersmiley im Gesicht. »Ich habe keine Krise!«, schallt es aus meinem Mund wie ein Halali in den Wald. Ich stampfe wütend davon.

»Ich heiße übrigens Lemmy!«, ruft er mir noch hinterher.

Gehweg-Nazi

Frühjahr 2020. Der Stadtwald grünt, Vögel zwitschern, und die Sonne scheint. Ich jogge auf gut gedämpften Nadelholzwegen. Es könnte so schön sein. Doch plötzlich rast ein Fahrradfahrer an mir vorbei, mit höchstens drei Zentimeter Abstand. Ich kann das Waschmittel in seinen Klamotten riechen. Aus Reflex schreie ich dem potenziellen Angreifer auf mein Leben hinterher: ABSTAND HALTEN!!!

Im selben Moment bereue ich es aus zwei Gründen: Ich habe von einer Studie über sogenannte Bio-Aerosole gelesen, nach der niemand weiß, wie ansteckend das Ausatmen Millionen winziger Tröpfchen aus der Sportlerlunge sein kann. Der Wind kam aus Nordost, ich lief im Luv des Radfahrers, also auf der Wind zugewandten Seite. Wenn der jetzt gerade in dem Moment ausgeatmet hat, als ich ihn anschrie, und ich hatte den Mund auf und … will ich mir nicht vorstellen.

Der zweite Grund: Es war ein etwa zwölfjähriger Junge mit schmalen Schultern, der nach meiner gebrüllten Anordnung die Flucht ergriff und plötzlich doppelt so schnell fuhr. Vielleicht hat er Angst vor mir bekommen? O Gott, ich schreie plötzlich Kinder an! Ich hatte mir doch fest vorgenommen, niemanden mehr anzubrüllen, egal welchen Alters.

Ich verhalte mich zunehmend seltsam in diesen pandemischen Zeiten.

Wenn irgendwo Menschen zusammenstehen und offensichtlich nicht eine Familie oder eine häusliche Gemeinschaft sind, stelle ich mir vor, wie ich dort hingehe und so überwachungsmäßig frage, was sie da wohl machen. Ich habe Fantasien, die damit enden, dass ich die Polizei rufe, damit diese verbotenen Versammlungen sofort aufgelöst werden.

Seit Tagen frage ich mich, warum ich plötzlich den Wunsch hege, Menschen zu denunzieren oder sie zur Ordnung zu rufen. Ist das die Angst vor Corona, oder ist es das Alter, das mich zum Blockwart macht?

Ich gehöre zwar zur Risikogruppe. Doch da ist plötzlich auch ein tiefer Wunsch nach klaren Regeln in mir, den ich mir nicht erklären kann. Es soll sich nichts verändern und vor allem soll nichts schlimmer werden. Es geht schließlich um Leben und Tod.

Auf einem vier Meter breiten Waldweg laufen drei Spaziergänger mit jeweils zwei Meter Abstand. Preisfrage: Wie viel Platz bleibt zum Überholen? Richtig: 0,0 Zentimeter.

Ich will ab sofort wirklich niemanden mehr anschreien. Also schlage ich Haken wie ein Hase und laufe im Cross-Modus durchs Unterholz. Es ist ein Hindernislauf und die Hürden bestehen aus potenziell infektiösen Menschen.

Ich wünsche mir einen Corona-Knigge. In meiner Vorstellung gehen dann alle brav hintereinander, Gleichschritt, marsch!

Dieser übergroße Wunsch nach Ordnung ist mir eigentlich fremd. Ich gehöre zu den Menschen, die überall Häufchen bilden, die nur putzen, wenn es unbedingt sein muss. Diesen Marie-Kondo-Hype habe ich 0,0 verstanden. Warum die Zeit mit Aufräumen verschwenden?

Und jetzt verhalte ich mich wie jemand, den ich bis vor Kurzem verabscheut hätte. Ich hege plötzlich Sympathien für die Kanzlerin und ihre mahnenden Worte. Einen Moment lang fand ich sogar Markus Söder dufte, wie er in seinem Bayern so durchregiert. Ich hänge an den Lippen von Professor Christian Drosten und habe nicht mal mehr gegen eine Totalüberwachung etwas einzuwenden.

Dann fällt mir ein, dass ich in den Achtzigern gegen die Volkszählung unterschrieben habe. Lächerlich!

Bin ich plötzlich konservativ geworden oder einfach nur *un poco loca* (ein bisschen verrückt)? In fünf Wochen zum Gehweg-Nazi – das muss man erst mal hinkriegen.

Ich kann nicht nachvollziehen, warum alle nach Lockerungen schreien. Die Forscher der Helmholtz-

Gemeinschaft sagen, dass wir nur noch drei bis vier Wochen durchhalten, einen richtigen Lockdown machen, alles dicht machen müssen, dann könne man über echte Lockerungsmaßnahmen nachdenken.

Was finden die Menschen witzig daran, sich ein Sixpack Corona-Bier zu kaufen und damit eine gleichnamige Party zu feiern? Wollen die sich und/oder andere vorsätzlich umbringen? Warum schieben sich wieder Menschenmassen durch die Fußgängerzonen? Sie sehen aus wie Konsum-Zombies auf dem Weg zur Hölle.

Ich überlege ernsthaft ins momentan virusfreie Rostock zu übersiedeln.

Denn überall ist es plötzlich wieder voll. Eine SPIEGEL-Kollegin hat mal einen Selbstversuch gemacht und festgestellt, dass Männer in der Regel nicht ausweichen, wenn ihnen eine Frau entgegenkommt. Mit der Corona-Krise ist das noch schlimmer geworden. Das ist mir auch im Stadtwald beim Joggen aufgefallen. Da halten die männlichen Wesen direkt auf mich zu. Doch: Die Klügere gibt nach. Sie wissen schon, wegen der Aerosole.

Unglücklicherweise habe ich eine Schwäche für einen Ort, wo traditionell viele Männer sind. Baumärkte üben eine ungeahnte Anziehungskraft auf mich aus. Gerade im Moment suche ich nach Bau-Projekten, die die Kontaktleere in meinem Leben ein wenig ausgleichen. Ich könnte stundenlang die richtigen Spax-Schrauben aussuchen, Motorsägen begutachten und riesige Spaltäxte bestaunen.

Doch die Ansagestimme mahnt mich wegen Corona, meinen heiß geliebten Heimwerkermarkt so schnell wie möglich wieder zu verlassen. Aber wie denn? Die zumeist männlichen Besucher lassen mir keine Chance. In den engen Gängen stehen sie in aller Seelenruhe vor den Regalen und vergessen, wie kleine Jungs, die Welt um sich herum. Beneidenswert.

Mit einem Einkaufswagen kann man nicht gut Haken schlagen. So muss ich viele Umwege in Kauf nehmen, um die Jungs vor den Regalen zu umschiffen. In mir sammelt sich immer mehr von dieser passiven Aggression. Dann habe ich eine Idee: Ich muss für die Reparatur meines Gartentors Holz besorgen. Ich bewaffne mich mit einem drei Meter langen Stück einer Douglastanne und plötzlich machen alle Platz. Ich überlege kurz, noch eine Latte quer zu nehmen, aber dann passe ich nicht mehr durch die Gänge.

Mein innerer Blockwart-Boomer tagträumt von einer Hula-Hoop-Konstruktion, die mir nach allen Seiten hin zwei Meter Abstand zu den Lebensmüden verschafft.

Ich glaube, es ist nicht das Alter. Es ist wohl die Angst vor dem Virus, die mich in die Arme der Konservativen treibt.

Und dann brennt die Sonne dazu so gnadenlos vom Frühlingshimmel. Das gute Wetter erscheint surreal. Es ist wie auf dem Holodeck von Raumschiff Enterprise.

Jeden Moment könnte die Projektion in 3D zusammenbrechen und man findet sich, nach Luft schnappend, auf der Intensivstation wieder.

Wenn es nach dem orange-gegerbten Donald Trump geht, soll das Licht – in den Körper gebracht – ja besonders gut helfen gegen das Virus. Vielleicht verfügt der Präsident über Aktienpakete in der Solarium-Branche. Er schafft es zumindest, das Virus weitgehend zu ignorieren, und bietet praktische Tipps an. Hat er sich die bei dem 50er-Jahre-Zivilverteidigungsfilm für Kinder »Duck And Cover« für den Fall eines Atombombenangriffs abgeschaut? Darin demonstriert die Schildkröte »Bert the Turtle«, wie man sich im Fall einer Atomexplosion duckt und mit einer Zeitung über dem Kopf schützt.

Ich bin jedenfalls froh, dass ich in Deutschland lebe und mir hier niemand Desinfektionsmittel spritzen will.

Szenen einer unausweichlichen Annäherung
5

Lemmy. Lemmy. Lemmy. Jetzt weiß ich wieder, woran er mich erinnert: mein erstes Auto. Es hieß Lemmy, nach Lemmy Kilmister von Motörhead, Nachname: Shark. Es war ein schwarzer Opel Rekord D mit einer Haifischschnauze und einem langen, quietschenden Schalthebel, Baujahr 1976.

Der Mann, der heißt wie mein erstes Auto und der Sänger von Motörhead, wartet mit einem wunderschönen alten Mercedes SL Cabrio auf mich. Es ist knallrot. »Na, wieder besser drauf?«, fragt er vollkommen unbekümmert. »Keine Ahnung, was du meinst«, nuschele ich in meinen nicht vorhandenen Bart. Mit einem fröhlichen »Wo hast du denn den Wagen her?«, schiebe ich das Thema »peinlicher Wutausbruch beim Spaziergang« zur Seite. Woher weiß er nur, dass ich alte Autos liebe und vor allem sehr gern darin fahre? Er antwortet nicht auf meine Frage, stattdessen kann er wohl Gedanken lesen: »Hat mir ein Vögelchen gezwitschert«, behauptet er. »Ich habe gehört, du hast nicht nur eine Schwäche für Motorsägen, sondern auch für Oldtimer. Lust auf einen kleinen Trip?« »Ja!«, rufe ich begeistert und setze mich wie selbstverständlich hinters Steuer. »Okay«, sagt Lemmy und gibt mir den Schlüssel für die alte Schüssel. Die hat bestimmt mal einem Zuhälter gehört, der damit die Reeperbahn rauf und runter gecruist ist. Das machen wir jetzt auch und lachen uns scheckig dabei. Eine Frau hinterm Lenkrad einer Ludenschüssel! Lemmy wirft beim Lachen den Kopf in den Nacken und ähnelt plötzlich sehr dem Lemmy von Motörhead, wie er so am zu hoch eingestellten Mikro stand.

Irgendwie gefällt mir dieser noch lebendige Lemmy, ich finde sogar sein schütteres Haar niedlich, das mit dem Fahrtwind durcheinanderweht und sich verkutzelt. »Alter«, den ich nicht mehr so nennen darf, kann echt lustig sein. Er ist ein schräger Vogel und übt irgendwie eine ungeahnte Anziehungskraft auf mich aus. Wohin soll das bloß führen?

White Russian auf dem Bierbike

Mein Puls ist mal wieder auf hundertachtzig. Im Fernsehen haben sie eben so einen trutschigen Beitrag zum alljährlichen Muttertag gezeigt. Mutti freut sich angestrengt vor laufender Kamera über Blumen, Vati faselt, dass ja ohne sie nichts ginge, und Sohn erzählt stolz, dass er Mami das Frühstück ans Bett gebracht hat. In den folgenden 364 Tagen kümmert Mutti sich dann wieder ums Frühstück. Und den Haushalt. Und geht arbeiten.

Haben Sie schon mal über den Muttertag nachgedacht?

Erst kürzlich habe ich meinen 19. Muttertag gefeiert.

Ich habe großes Glück. Mein Sohn Leon hat mich mit einem vorzüglichen Frühstück geweckt. Er käme nie auf die Idee, mir beknackte Geschenke zu überreichen wie Pralinen, Wellness-Tees oder gar einen Gutschein über »Einmal putzen«.

So habe ich ihn auch nicht erzogen. Bei uns wurde nie gegendert, Leon kann nicht nur ein Loch in die

Wand bohren, sondern auch versiert und vollkommen selbstverständlich mit dem Wischmopp wedeln.

Doch vielen Müttern ergeht es nicht so gut wie mir. Ich kenne viele gestandene Frauen, die zusätzlich zu ihrem Fulltime-Job noch die Kinderbetreuung und den Haushalt erledigen müssen, auch ohne Corona. Die Väter: in der Regel absent, wenn es darum geht, das Klo zu putzen. In vielen Haushalten wird die Raumpflege zum Muttertag verschenkt, als wäre das ganz selbstverständlich auch Muttersache. Mit zunehmendem Alter finde ich diesen Brauch-Tag immer seltsamer. Auch Schnittblumen sind als Geschenk beliebt. Es ist eine große Umweltsauerei, und die Blumen verwelken so schnell. Das ist traurig. Diese lausige Sitte erscheint mir genauso übel wie der Applaus für Pflegekräfte, die eigentlich eine saftige Gehaltserhöhung für ihr Engagement verdient hätten.

Warum nicht mal der Mama eine nachhaltige Flasche Single Malt Whiskey schenken? Dann könnte sie nach einem ausgiebigen Frühstück mit dem Bollerwagen und Freundinnen durch die Parks ziehen und mal richtig vom Alltag abschalten.

Das, was nicht bierernst ist, schauen wir uns vom Vatertag ab –, also alles:

Stellen Sie sich mal vor, ich steuere den Bollerwagen und zehn Freundinnen sind dabei, marodierende Mütter und solche, die es werden wollen. Schwer beschwipst grölen wir unanständige Lieder und wildpinkeln gerade da, wo es uns passt. So wie die Männer, die nach einem Fußballspiel einen Meter neben dem Nachhauseweg strullen, leicht schwankend, in Wolken von Ammoniak gehüllt.

Das mit dem harntreibenden Bier gefällt mir irgendwie doch nicht so gut. Noch besser: ein Bierbike umrüsten, auf dem White Russians serviert werden. Damit cruisen wir durch Parks und Kleingartenkolonien, bis zum Verlust der MUTTERsprache!

Unser Spirituosen-Stahlross wäre dem Bollerwagen deutlich überlegen. Eine echte Eierschaukel, nur viel schöner!

Männer sind mit dem Bollerwagen tatsächlich im Nachteil. Sie müssen laufen. Beim sogenannten »Herrentag« wird dem Trinksport gehuldigt. Saufen und laufen oder wahlweise umgekehrt. Dabei bleibt das Himmelfahrtskommando nicht nur Vätern vorbehalten. Es sind auch Novizen dabei, die in ihrem Leben noch nicht einmal ein Mädchen geküsst haben. Sie gucken sich die Rituale der Älteren ab, wie Generationen vor ihnen den ewigen Kreislauf des Bieres verfolgten, bis sie selbst eine Wampe bekamen.

Wenn man historisch schaut, woher der Vatertag kommt, stößt man im Internet auf Dokumente aus der Zeit der Nazis, die von »ausgelassenen Herrenpartien auf Wägen und los von Muttern« berichten. »Los von Muttern«, meinten die damals damit gar die Ehefrauen?

Ich habe schon lange den Verdacht, dass Männer in der Ehe verzweifelt nach ihren Müttern suchen.

Wollen wir nicht einfach tauschen?

Ich schlage Folgendes vor: Väter verzichten am Vatertag auf Wampe bildendes Bier und bekommen stattdessen schlanke Geschenke. Ein selbst gemaltes Bild, auf dem steht »Papa ist der Beste« und einen Blumenstrauß. Die Tochter des Hauses erklärt sodann, dass sie für den Papa extra alle Räume gewienert habe. Heureka, was für eine Freude!

Am Muttertag klingelt es schon früh an der Tür und die, der gehuldigt werden soll, verschwindet. Die Tour auf dem Cocktail-Bike ist natürlich weit entfernt von den abgegriffenen Junggesellinnenabschieden auf der Reeperbahn. Frauen können auch kotzen. Doch in meiner Welt würden Mütter trinkkundiger die Geburten ihrer Kinder feiern. Dazu haben sie auch allen Grund. Männer würden diese Schmerzen nicht aushalten, dafür sind sie nicht gebaut. Sie würden bei den Presswehen einfach sterben, da bin ich mir sicher. Darauf einen Dujardin!

Der »moderne« Muttertag stammt übrigens aus der US-Frauenbewegung, die 1907 zum ersten Mal das »Memorial Mothers Day Meeting« einberief. Doch wie so viele Sitten und Gebräuche wurde auch der Muttertag durchkommerzialisiert. Er schwappte 1923 aus den USA nach Europa. Der »Verband Deutscher Blumengeschäftsinhaber« hat ihn zum »Tag der Blumenwünsche« deklariert.

Die Nazis feierten die Mutter als Gebärmaschine, er wurde zwischen 1933 und 1945 sogar zum offiziellen Feiertag.

Es wird Zeit, den Muttertag zurückzuerobern. Schluss mit den reaktionären Ritualen! Oder wir legen Vater- und Muttertag zusammen und feiern gleichberechtigt ein rauschendes Fest – wenn das jemals wieder geht …

Szenen einer unausweichlichen Annäherung
6

Lemmy und ich sind uns wider Erwarten nähergekommen. Komisch. Dass mir so einer gefällt, hätte ich im Leben nicht gedacht. Ich nenne ihn auch nicht mehr »Alter«. Kommt mir jetzt selbst merkwürdig vor, das ist doch gar kein richtiger Name.

Wir haben Lemmy in unsere Familie aufgenommen. Mein Sohn findet ihn auch okay. Seitdem hängt er ständig bei uns ab. Hat der Typ eigentlich auch eine eigene Wohnung?

Wir stehen vorm Wohnzimmerschrank. Er will Fotos von mir sehen, »von früher«, fordert er. Ich krame die riesige alte Kiste hervor, die ich mal in Ostberlin, noch vor der Grenzöffnung, für 63 DDR-Pfennig erstanden hatte. Die Fotos fliegen vollkommen ungeordnet darin herum. Ich hatte nie Zeit, sie zu sortieren, das Leben war immer spannender. »Schau mal, das bin ich bei einem meiner ersten Interviews. Mit Roger Waters von Pink Floyd an der Mauer. Mein erstes Praktikum während des Studiums. Bei MTV«, erkläre ich. »Wow! Das war Musikfernsehen für junge Leute!«, sagt er anerkennend.

»Guck mal, das ist meine Oma!« Voller Wehmut schaue ich auf das Bild. Meine Großmutter trägt darauf einen braunen Rock, eine Bluse mit undefinierbarem Muster und Nylonstrümpfe. Sie lächelt mit ihren freundlichen hell-grauen Augen. Ihre Haare haben fast die gleiche Farbe und sind dauergewellt. »So sahen alte Leute früher aus!«, konstatiert Lemmy altklug. Meine Oma muss auf dem Bild etwa in dem Alter gewesen sein, in dem ich jetzt bin, so Anfang, Mitte fünfzig.

Wo sind nur die coolen Leute hin?

Mein letzter Italienurlaub kommt mir in den Sinn. Golf von Triest, Jachthafen, Dolce-Vita-Café. Es fährt vor: ein Lamborghini Miura. Das basslastige Blubbern der zwölf Zylinder beschallt die ganze Bucht, es klingt wie der Beat zu einem großartigen Sommer-Song.

Doch dann versucht es auszusteigen, das Elend hinter dem ledernen Lenkrad dieses wunderschönen Gefährts: das verbliebene schüttere Haar zurückgegelt, das Hemd definitiv weiter geöffnet als das von Robert Habeck. Der Fahrzeughalter versucht, sich mit einem dandyhaften Schwung seines tiefergelegten Sportwagens zu entwinden. Bis zum Bauchnabel, der vorgewölbt auf der Wampe thront, lässt er jeden um sich herum tief blicken. Die Haut ist rot wie die Schale eines frisch gebrühten Hummers.

»Warum steigen aus den schönsten Autos in der Regel hässliche, alte Männer aus?«, entfährt es mir. Daraufhin bemerkt meine Begleitung trocken, dass der Lamborghini-Typ in meinem Alter sei.

Wann habe ich eigentlich was genau verpasst? Ich soll im gleichen Alter sein wie der Lamborghini-Heini? Unmöglich! Er tarnt sein Älterwerden mit einem tiefergelegten Auto. Und ich? Tja, ich tue so, als gehöre ich nicht dazu. Früher waren Menschen, die in die Jahre kommen, viel leichter zu erkennen und einzuordnen. Mit spätestens fünfzig wechselten Männer wie Frauen komplett die Garderobe: beigefarbene Windjacken, sandfarbene Hosen und dazu: graues Haar. Die gedeckten Farben dienten bestimmt der Tarnung, wie im Tierreich. Bloß nicht auffallen. Damit schützen sich die Schwachen und weniger Wehrhaften vor den Bedrohungen der Stärkeren und Jüngeren in der Horde. Das soll tatsächlich das Verhaltensmuster unserer Ahnen in der Steinzeit gewesen sein. Aber wo, bitte schön, ist die Bedrohung heute? Ist es die Style-Polizei? Ich weigere mich. Erst neulich habe ich mir ein knallrotes Kleid gekauft. Na und!

Wir werden anders alt als die Generationen vor uns. Doch wie man es schafft, dabei nicht mega-peinlich aufzufallen, dafür gibt es keinen Knigge. Und Männern wird das Altern in unmöglichen Klamotten irgendwie mehr verziehen als Frauen, die sich in enge Leoparden-Leggings quetschen. Liegt das daran, dass dieses Muster bei den Altersgenossen die Angst vor dem Raubtier triggert? Oder fällt das bei Männern nicht so auf, weil sie die schöneren Autos fahren?

Früher habe ich Gleichgesinnte leichter ausfindig

machen können. Schon an der Kleidung war eine bestimmte Haltung zu erkennen. Wo sind nur all die coolen Leute hin?

Ich traf sie damals auf guten Konzerten.

Kürzlich wohnte ich einer Performance von James Morrison bei, ein sehr guter Sänger mit Street Credibility. Der ehemalige Straßenmusiker ist auch ein Interpret der leisen Töne. Um mich herum standen fast nur Leute, die sich, während der Barde alles gab, sehr viel lauter über dies und das unterhielten, und zwar so laut, dass man kaum noch den Gesang hörte. Als die Hits dran waren, klatschten sie dermaßen daneben mit, wie es nur Amöben auf einer Kampfstern-Mallorca-Party mit 3,7 Promille schaffen – rein optisch ein Mutanten-Stadl, gepaart mit ein wenig »Fernsehgarten«, und das im Hamburger Stadtpark. Geschätzte 60 Prozent des leicht überalterten Publikums trug Outdoorkleidung am welken Körper. Was früher das Rentner-Beige war, ist heute farbenfroher Funktionsklamotte gewichen. Dieses Phänomen ist auch schon bei der Paarbildung in den Dreißigern zu beobachten. Männchen und Weibchen gehen dann zu fast jeder Gelegenheit im Jack-Wolfskin-Partnerlook. Gern auch mit offenen Wandersandalen in der herrlichen Farbkombination lila und braun. Ich hatte auch so eine Funktionsjacke an, und als ich an mir herunterschaute, fand ich lauter Entschuldigungen dafür: »Ich bin mit dem Fahrrad da. Die Jacke ist immerhin rot …«

Zwei Tage später stehe ich, weitaus besser in meiner schwarzen Lederjacke gekleidet, in freudiger Erwartung eines Musik interessierten Publikums im Konzert der »Thee Oh Sees«, einer knallharten Rockband aus den USA. Früher war ich bei einer solchen Veranstaltungen Moshpit-mäßig immer ganz vorn. Doch es ist verdammt heiß in dem Schuppen. Und vor der Bühne tanzen nur Kinder. So stehe ich da, wippe zwar mit, hänge in Gedanken aber meiner Jugend nach.

Mir war damals nicht klar, dass mein Leben irgendwann vorbei sein könnte. Niemand registriert in dieser Altersklasse die eigene Endlichkeit. Und plötzlich bleiben, wenn man Glück hat, nur noch zwanzig gute Jahre. Von einem »mittleren Alter« zu sprechen ist auch wieder so ein Euphemismus. Ein Ende ist absehbar.

Ich habe diese morbide Vorstellung und den Gedanken an das Bunte im Leben mal miteinander verheiratet und es warf sich folgende Frage auf: Wenn man gefahrlos mittlerweile schrille Farben im fortgeschrittenen Alter tragen kann, warum soll man dem Tod nicht ins Auge schauen und den ganzen Bums genießen? Plötzlich ergibt jede Punk-Floskel Sinn. No future, stimmt, irgendwann ist Ende. Aber warum nicht dolce far niente? Es lebe Alice Cooper: »School's out forever«, das ist wahrer Rock 'n' Roll, schauen wir dem Tod ins Auge!

Man könnte sich zu Allerseelen vielleicht auf einem Friedhof treffen, wie in Mexiko. Es kreist eine Flasche Tequila und eine Band spielt. Alle tanzen um die Gräber. Der »Día de los Muertos«, der Tag der Toten, wird in Mexiko genau so gefeiert. Der Tod wird gefeiert.

In Deutschland hingegen wird er totgeschwiegen. Das Sterben steht noch vor den Wechseljahren auf der Top-10-Liste:»Worüber man garantiert keinen Small Talk halten sollte«. Doch es scheint Bewegung in das Geschäft mit dem Lebensende zu kommen.»Death Positive« heißt die neue Hipster-Welle, die über den Atlantik aus den USA zu uns geschwappt ist. Der Tod ist plötzlich en vogue. Besonders junge Leute widmen sich dem Thema Sterben. Eine Generation stellt Fragen: Warum sollte man nicht auch vor dem Eintreten des Todes schon mal im Sarg Probe liegen? Welche Tabus kann man noch brechen? Hat Trauer eine Deadline?

Wenn man das Sterben also mal positiv sieht, sich mit der Endlichkeit des Lebens beschäftigt, dann kann man jeden Tag, den man hat, besser leben, logisch.

Es spielt dann vielleicht auch nicht mehr eine so große Rolle, was man gerade anhat.

Nur sollten wir Alten uns den Tod nicht von den jungen Leuten wegnehmen lassen. Wir stehen ihm viel näher.

Szenen einer unausweichlichen Annäherung
7

Ich entlade gerade meinen neuen alten Polo, 25 Jahre hat er auf dem Kleinwagen-Buckel. Den habe ich mir neulich angeschafft, weil sein Vorgänger, ein alter Opel Astra, nicht mehr ohne eine erhebliche, unverhältnismäßige Investition durch den TÜV gekommen wäre. Den VW habe ich günstig geschossen: Tausend Euro, 45 PS, was für ein Abstieg. Wir werden wohl nicht alt miteinander. Aber ich mag Autos mit einer betagten Seele. Sie erinnern mich an meine Jugend.

Lemmy reißt die Haustür auf, als ich die wohlgefüllten Einkaufstaschen davor abstelle.

»Huch, wie kommst du denn hier rein?«, frage ich erstaunt.

Lemmy hat heute eine noch frappierendere Ähnlichkeit mit seinem Namensvetter von Motörhead. Ich entdecke auch eine Tätowierung auf seinem Unterarm. Es ist ein Adler, wie der Sänger auch einen trug. Aber dieser Greifvogel zwinkert, wenn der Muskel Brachioradialis sich bewegt.

»Dein Sohn hat mich reingelassen. Wir spielen FIFA.«

»Oh, kann ich mitmachen?«, will ich gerade fragen, da sehe ich einen alten, reichlich beklebten Rimowa-Koffer im Flur stehen. »Was ist das?«, frage ich mit dem kaltschnäuzigen Unterton eines Fernsehkommissars.

»Meine Sachen. Ich bin doch sowieso immer hier«, sagt er und dreht ab Richtung Playstation. »Ich habe Pizza bestellt!«, ruft mein Sohn noch aus dem Wohnzimmer.

In der Nacht wache ich plötzlich auf. Mein neuer Mitbewohner, der sich selbst einquartiert hat, ist die Ursache starker Geräuschentwicklung.

Männer sind Schweine

Das fängt schon beim Grunzen an. Die meisten nennen es »Schnarchen«, was die nächtliche Folter extrem verniedlicht. Wenn der gesamte Resonanzraum im männlichen Körper genutzt wird, bebt das Bett samt aller anderen Schlafzimmermöbel wie bei einem Erdbeben mit Stärke sieben auf der Richterskala, dem folgt: Zerstörung über weite Gebiete der Zuneigung. Das tiefe Grunzen wird nicht weniger mit den Jahren und geht durch Mark und Bein, unmöglich dabei keine Mordgelüste zu entwickeln. Bis zu 111 Dezibel kann es lärmen, so laut wie ein Düsenflugzeug im Tiefflug. Das schweineleibgroße Schnarchmonster reagiert in der Regel nicht auf freundliches Anstupsen, es grunzt einmal laut, dreht sich zur Seite und sägt einfach weiter.

Wenn Frau dann keinen Zugriff mehr auf die rosarote Brille hat, und die Hormone der Verliebtheit verschwunden sind, helfen nur noch getrennte Schlafstätten. Das war in der feinen Gesellschaft übrigens schon immer üblich. Die Häuser der Herrschaften wurden in der Regel mit getrennten Schlafzimmern geplant.

Mich beschäftigt schon lange die Frage, warum Männer sich nicht selbst beim Schnarchen hören, bei dem infernalischen Lärm? Dabei ist mir aufgefallen, dass sie auch im Wachzustand einige Wahrnehmungsdefizite haben.

Neulich kam ein alter Freund zu Besuch. Er hatte angekündigt, »jemanden mitzubringen«. Aha, er hat eine neue Freundin, kombiniere ich. Wir kennen uns seit Ewigkeiten, vor dreißig Jahren waren wir mal ein Paar. Verdammt lang her. Aber wir sind über die Jahre immer verbunden geblieben. Er heißt Matthias, wie so viele seiner Generation. Auch er hat sich verändert. Das Haupthaar ist geschwunden, eine Etage tiefer, auf den Schultern, taucht es schütter wieder auf. Richtung Füße hat sich über die Jahre ein Bäuchlein gebildet, auch ein längeres Oberbekleidungsstück kann das gesundheitsgefährdende Viszeralfett nicht mehr kaschieren. Und er besitzt inzwischen einen Porsche 911.

Damit fährt er jetzt vor. Der Beifahrertür entsteigt eine Blondine. Sie wird mir mit »Julia« vorgestellt. »Hi!«, sage ich. Mein Mund bleibt noch lange offen stehen.

Julia ist etwa 28, sie könnte unsere Tochter sein.

Ich brauche nach unserem Treffen ein paar Tage, bis ich Matthias anrufen kann. Dann sage ich es frei heraus, wir sind schließlich Freunde: »Du weißt schon, dass du ab sofort jedes Klischee erfüllst?«

»Hääääh?«, kommt es aus dem Hörer zurück. Matthias ist ein wahnsinnig kluger Mensch, muss man zu seiner Ehrenrettung erläutern, doch er versteht partout nicht, was ich damit meine. Er wirkt begriffsstutzig. »Na ja, der Porsche, deine neue junge blonde Freundin.«

Mein alter Freund hat immer noch keine Ahnung, was ich damit meine. Julia sei wahnsinnig intelligent, erklärt er mir, und einen Porsche wollte er schon immer haben. Das habe er sich bloß bis dahin nicht leisten können. »Das ist allenfalls hemmungsloser Hedonismus«, sagt er mit einer Attitude, als würde er heute Sätze in Stein meißeln.

Aha, diagnostiziere ich: Da ist sie wohl, die berühmte männliche Midlife-Crisis, wissenschaftlich Andropenie genannt. Der schleichende Testosteronmangel bringt Konzentrationsprobleme und eine schlechtere Gedächtnisleistung mit sich. Die Wechseljahre treffen auch die Männer, nur bemerken sie es nicht so sehr, und es wird noch weniger darüber geredet als bei Frauen. Bis auf die Erektionsstörungen sind die Symptome auch weit angenehmer zu ertragen: dicke Karre und eine neue Beziehung. Das würde ich auch weit besser aushalten.

Während Frauen in den Wechseljahren vom Balzgehabe der Männer ausgeschlossen werden, erhöhen sich die Chancen für die Herren, eine Jüngere abzubekommen.

Sie können ihre Plauzen, die viel schlimmer sind als Orangenhaut, breitbeinig ohne einen Funken Selbstzweifel vor sich hertragen, während wir Frauen bis ins hohe Alter auf Stilettos durchs Leben laufen sollen, als ob wir nicht schon durch die Hormonumstellung und den lähmenden Stoffwechsel genug durch die Klimax-Hölle gehen würden.

Ich verstehe nicht ganz, was die Natur sich dabei gedacht hat, weil auch Männer beim Altern an Attraktivität verlieren. Doch grau meliertes Haar gilt bei ihnen als anziehend, Sie wissen schon, es spiegelt die Erfahrung wider. Frauen müssen sich wie Birgit Schrowange outen, als hätten sie an einer kranken Haarfärbesucht gelitten.

Haben Sie schon mal eine Frau erlebt, die sich hochmotorisiert einen dreißig Jahre jüngeren Freund zulegt? Mir sind davon noch nicht so viele untergekommen. Vielleicht Claudia Obert, die verrückte Tante aus dem Trash-TV. In ihrer Kuppelshow »Claudias House of Love« lässt sie die Kerle Spalier stehen, macht zotige Witze, säuft wie ein Loch und wechselt ihre Partner wie ihre Schuhe. »Beute machen! Nicht Beute sein!«, das ist ihr Motto. Doch im richtigen Leben fährt sie Fahrrad statt Ferrari.

Aus der Realität kenne ich vor allem andere Situationen. Eine Kollegin zum Beispiel: klatschnass geschwitzt, von Hitzewallungen gepeinigt, steht sie vor dem Waschbecken in der Toilette. In Tränen aufgelöst, erklärt sie, dass sie einen sehr wichtigen Termin verpasst habe, weil sie nichts anderes zum Anziehen dabeihatte.

Oder die vollkommen aufgelöste Freundin, die mir unter Schluchzen erzählt, wie ihr Kerl, mit dem sie 15 Jahre zusammen war, sie übel betrogen hat und mit einer Jüngeren davongezogen ist.

Oder meine Cousine: Sie beichtet mir in einer stillen Stunde, dass sie, wenn sie menstruiere, nicht mehr aus dem Haus gehen kann, weil sie blutet wie eine abgestochene Sau, ein Ergebnis des sinkenden Hormonspiegels.

Trösten soll uns dabei wohl – was für ein euphemistisches Wort – die »Menopause«. Bei einer Pause denke ich sofort daran, dass die auch zu Ende gehen wird. Wie bei einem romantischen Film, den man kurz anhält, um die Nasszelle aufzusuchen. Drückt man danach auf »Play«, läuft der Film weiter. Das ist aber nicht so: Betätigt Frau die Menopause-Wiedergabe-Taste, kann der Film ganz schnell zum Horror-Movie werden: Hitzewallungen, Schweißausbrüche, Scheidentrockenheit – Klimakterium eben. Pfui, diese Worte klingen wie die Symptome einer schlimmen Krankheit!

Ich finde, es ist eine zum Himmel schreiende Ungerechtigkeit. Und ich bin neidisch auf die Männer. Ich würde unheimlich gern auch mal so wenig von diesem Elend mitkriegen.

Einmal scheint es mir schon gelungen zu sein. Als ich neulich mit meinem Sohn über das immer schlimmer werdende Schnarchen bei Männern mit zunehmendem Alter sprach, lachte er laut auf und sagte:

»Mama, du schnarchst übrigens auch.«

Szenen einer unausweichlichen Annäherung
8

Lemmy sitzt den ganzen Tag vor der Konsole und beginnt langsam streng zu riechen. Ich habe schon überlegt, ihn einfach vor die Tür zu setzen. Was soll ich mit dem? Ich hatte die wahnwitzige Vorstellung, dass er irgendwie hilfreich ist bei diesen dramatischen Veränderungsprozessen, die ich gerade durchmache. Ich wollte mich wirklich eingehend mit ihm beschäftigen, aber wie soll das gehen, wenn er sich gar nicht für mich interessiert?

Er strahlte diese gewisse Lebenserfahrung aus, bevor er es sich bei uns gemütlich gemacht hat.

Jetzt hockt er da, starr, apathisch, das noch verbliebene schwarze gefärbte Haar hängt ihm strähnig ins Gesicht, und kräht mit dem Controller in der Hand: »Ich bin schon auf Level 13!«

Ich bin ich kurz davor, die Kontrolle zu verlieren. Seit Tagen sprechen wir nicht mehr über das heiße Thema. Stattdessen ordert er unmissverständlich eine warme Mahlzeit nach der anderen oder sägt in der Nacht ganze Wälder ab.

Dazu kommt noch die desolate Corona-Lage. Im Moment kann man rein gar nichts unternehmen. Die Restaurants sind zu, Geschäfte geschlossen. Im Supermarkt kenne ich jeden Artikel persönlich, ich könnte dort sofort als Lageristin antreten.

»Ich muss hier mal raus«, rufe ich dem Spielsüchtigen zu. Aus dem Wohnzimmer kommt nur ein zustimmendes Grunzen.

Corona-Blues

Sabine umarmt Thomas. Der drückt Sonja noch mal ganz fest. Dann nimmt sie beherzt Moritz in den Arm. Er schaut dabei selig in den Himmel.

Ich stehe daneben und kann nicht über meinen Corona-Schatten springen. Schon zu Beginn unseres Treffens hatte ich meine persönlichen Regeln verkündet: Abstand halten, nicht anfassen! Die anderen schauten mich an, als wäre ich plötzlich einer Sekte beigetreten oder freiwillig Frutarier geworden.

Aber jetzt macht dieses Geherze mich irgendwie neidisch. Wie schön es wäre, mal wieder ein bisschen Wärme zu spüren, andere Körper als die, mit denen ich in somatischer Quarantäne lebe. Eine seltsame Sehnsucht ergreift mich.

Sabine, Moritz, Thomas und Sonja hatten schon im Frühsommer ihre Corona-Crew erweitert. »No risk, no fun«, hatte irgendeiner gesagt. Doch meine Gefahrenbewertung ergab: Zur Abwechslung mal lieber *no fun,* schließlich gehöre ich wegen einer Vorerkrankung zur Risikogruppe. Also war weitestgehend Schluss mit lustig – und ich wurde seltsam.

Es begann im Februar 2020, als es noch nicht so schlimm um uns stand. Da war ich auf einer großen Feier, die man heute als potenzielles Superspreader-Event einordnen würde.

Mir war dieses Virus aus China zu dem Zeitpunkt schon mega-unheimlich. Und deswegen wollte ich auch niemandem zu nahe kommen.

Meine Band und ich spielten ein paar Stücke für die Jubilare. Damals wusste ich noch nichts von den gefährlichen Aerosolen beim Singen und gab alles.

Interessanterweise feierten auch jede Menge Ärzte mit, die sich null Komma null um irgendwelche Abstandsregeln kümmerten. Ich blieb ihnen fern.

Hinterher erzählte mir unser Gitarrist, dass einer von denen meinte: »Die kann ja ganz gut singen, aber sie ist schon ein wenig seltsam.«

In meiner Selbstisolation habe ich viel an diese legendären Menschenexperimente mit Kindern denken müssen. Sie starben, weil sie keine Zuwendung bekamen.

Ich erinnere mich an das Mädchen Genie. Ihr Vater hatte das Kind vor der bösen »Außenwelt« schützen wollen.

Genie wurde tagsüber an einen Toilettenstuhl gefesselt und nachts in einem Schlafsack verschnürt. Der Vater sprach nicht mit ihr, er bellte sie an wie ein Hund

und verprügelte sie beim kleinsten Mucks jahrelang mit einer Holzlatte.

Genie blieb 1,37 Meter klein, wog nur 27 Kilo, und der Speichel rann ihr unentwegt aus dem Mund.

Die Abwesenheit körperlicher Zuneigung scheint beim Menschen verheerende Auswirkungen zu haben. Wir sind gewiss keine Wolfskinder, aber Wissenschaftler könnten jetzt bei diesem Corona-Live-Experiment zuschauen und analysieren: Was passiert, wenn Menschen nicht mehr so viel Körperkontakt haben und sich abkapseln?

Sie drehen durch. Abseits jedes Klopapierhamster-Index und der pandemischen Panik hat die Welt sich viel zu wenig darum gekümmert.

Wir veröden emotional und irgendwo müssen die Enttäuschung und Wut darüber auch hin. Vielleicht muss mal jemand diese furchtbar zornigen Corona-Leugner bei ihren Wutausbrüchen auf den Demos in den Arm nehmen, bis sie aufhören zu schreien wie Systemsprenger.

Aber ich mache das nicht! Ich bin auch wütend. Auf alle, die auf die AHA-Plus-Irgendwas-Regeln scheißen und das ganze Land in den nächsten Shutdown feiern.

Dieser Tage beklagen sich junge Leute bitterlich darüber, dass sie es nicht mehr krachen lassen dürfen. Hat eigentlich schon mal jemand uns Mittelalte gefragt, wie es uns damit geht, nicht mehr singen und tanzen gehen zu dürfen?

Und wie müssen sich erst die wirklich alten Menschen in den Heimen fühlen? Niemand nimmt sie in den Arm. Viele leben wie eingesperrt in ihren Zimmern. Wenn doch Verwandte kommen, muss sich das anfühlen wie ein Knastbesuch unter Aufsicht und Maske. Im März 2020 wurde die »Silbernetz-Hotline« eingerichtet. »Über 60 und niemand da zum Reden?« Mir war nicht klar, dass die Einsamkeit schon so früh im Leben Einzug hält, aber unter dem pandemischen Brennglas werden viele Missstände zutage gefördert.

Die interessante Frage ist, ob mit der Verödung auch die Emotionen schwinden. Früher konnte ich schwer allein sein, heute finde ich es manchmal gar nicht so schlecht. Gehört das jetzt zum Altern oder rede ich mir die Pandemie schön?

Im Grunde ist sie auch ein Experiment an menschlichen Emotionen. Ich stelle mir vor, wie Forscher danebenstehen, mich beobachten und feststellen, dass mir diese Form der Isolation nicht bekommt. Manchmal überfällt mich eine seltsame Traurigkeit. Bei banalen Serien-Szenen erinnere ich mich an das Leben vor dem Virus, und mir schießen Tränen in die Augen. Das passiert selbst bei vergleichsweise lächerlichen Schauspielereien – immer dann, wenn Menschen sich näherkommen.

Neulich dann hatte ich Netflix leer geguckt und fühlte mich auch genauso. Doch der Streamingdienst legt immer nach, vermutlich eine Maßnahme zur Erhaltung der emotionalen Volksgesundheit, damit wir nicht verkrüppeln und anfangen zu sabbern. Eine Woche später lief »Social Distance« an, eine pseudo-dokumentarische Verfilmung des Lockdowns im Frühjahr.

In der ersten Folge macht ein einsamer Alkoholiker seine Zimmerpflanze zu seinem Partner. Er schneidet dem Farn die »Haare«, schläft mit ihm ein und spricht mit der Topfpflanze wie Tom Hanks mit seinem Volleyball »Wilson« in »Castaway«.

Ich werde nicht so enden. In den nächsten Wochen will ich Forscherin sein und herausfinden, wie die Menschen emotional mit der Pandemie klarkommen. ACHTUNG, Cliffhanger! Ich plane, mich undercover bei einer Partnersuche-Plattform anzumelden. Ich bin gespannt, welche kreativen Lösungen Singles in Zeiten der Berührungsprohibition finden.

Szenen einer unausweichlichen Annäherung
9

In der Badewanne liegen abgeschnittene Fußnägel. Der Dreck, der sich bis vor Kurzem noch darunter befunden haben muss, ist zwischen die menschlichen Überreste gebröselt. Im Waschbecken finde ich pechschwarze Barthaare, die nicht von meinem Sohn stammen können. Er ist dunkelblond. Meinen forensischen Ermittlungen folgt eine Fahndung: nach Lemmy. Wo steckt er nur?

Er steht im Schlafzimmer vorm Spiegel mit einem Zollstock. Den hält er abwechselnd ans linke und rechte Ohr und kritzelt dann etwas in sein Notizbuch. Seltsam – und dieser Look! Lemmy trägt einen Anzug – mit Nadelstreifen. Sein Haar ist im Sleek-Look nach hinten gegelt. Zuckersüß flötet er mir entgegen: »Ich mache die Badewanne gleich sauber, versprochen! Guck mal, ich habe mich stadtfein gemacht!« Mein Mund steht offen und wird bestimmt bald austrocknen. Meine Neugier verhindert das. »Und was willst du als billige Nick-Cave-Imitation da draußen machen?«, rutscht es mir raus. Lemmy ignoriert meine Giftpfeile: »Wir gehen aus!« »Ah, verstehe, und ich bin Kylie Minogue und singe ›They call me the white rose‹ dazu?«, platzt es aus mir heraus. Nun kann ich nicht mehr an mich halten. Dieser Kerl ist wirklich kaum auszuhalten! Aber irgendwie sehr lustig ... Ich fummele mein rotes Kleid aus dem Schrank, werfe es über und singe weiter: »But my name was Elisa Day ... As he knelt above me with a rock in his fist.« Ja, Nick Cave bringt Kylie um in dem Song »Where The Wild Roses Grow«, mit einem Stein erschlägt er sie. Und Lemmy rezitiert ganz locker den Abgesang des Mörders hinterher: »I kissed her goodbye, said ›All beauty must die‹.«

Warum habe ich gerade das Gefühl, dass er es verdammt ernst meint?

Die Vermessung
wesentlicher Sinnesorgane

Aua! Links und rechts der Fußknöchelreihe habe ich zwei fette Blasen, an beiden Füßen. Ich war seit Langem mal wieder joggen. Sind die Schuhe eingelaufen? Ich habe sie doch gar nicht gewaschen … Also gehe ich los, um im Fachgeschäft – Click and meet – neue zu kaufen. Ich erkläre der Verkäuferin ganz genau, wo es wehtut. »Da sind die Füße wohl gewachsen!«, sagt sie kundig. Sie zwinkert mir zu und verschwindet. Was soll das? Gewachsen? Habe ich im Winterschlaf Hobbit-Füße bekommen?

Sind sie gewuchert wie Nasen und Ohren bei alten Leuten?

Im Internet habe ich furchterregende Fotos von Greisen mit riesigen Ohrmuscheln und gigantischen Nasen im Gesicht gesehen. Besonders in der seitlichen Perspektive: echte Horrorbilder. Seitdem drehe ich mich morgens jeweils einmal seitlich zum Spiegel. Ich will wissen, ob meine Ohren größer geworden sind. Bei einer Recherche fand ich dann heraus, dass die Ohren angeblich nicht wirklich wachsen beim Alterungsprozess. Doch das Gewebe um sie herum erschlafft. Die dünne Fettschicht zwischen Knorpel und Haut geht laut mehrerer Quellen zurück, die Haut drum herum beginnt zu schlabbern, und das Ohr wirkt dadurch größer. Das soll auch bei der Nase so sein.

Vor allem bei Männern können dazu noch ganze Urwälder aus den Sinnesorganen wuchern. Das habe ich auch schon beobachtet. Während das Haupthaar schwindet, sprießt es nun an diesen schwer zugänglichen Stellen, wo früher keine waren, hervor. An den schwarzen Büscheln bleiben auch gern Popel und Ohrenschmalz hängen, ohne dass der Träger es merkt.

Doch wie kommt man dem Wildwuchs bei? Ist das auch bei Frauen so? Ich inspiziere mit der iPhone-Lupe meine Nasenlöcher, und siehe da! Zwei hässliche schwarze Spinnenbein-Haare lugen daraus hervor. Ich schnappe mir die Pinzette. Autsch, das tut weh!

Ich muss vorsorgen, falls es mehr werden. Bei Amazon finde ich Nasenhaar-Rasierer. Die Gerätschaften heißen dort meist englisch »Trimmer«, was zu Deutsch »Schneider« bedeutet. Das soll wohl nicht so brutal wie »Rasierer« klingen, mehr nach »wir bringen das mal in Ordnung, schnippeln das irgendwie zurecht, bringen das wieder in Form«. Die »Trimmer« gibt es auch als Kombi-Produkte, also für Nase und Ohr. Ich frage mich, wie man das hinbekommt, wenn man die zu bearbeitende Stelle gar nicht richtig sieht. Ich will ja nicht gleich noch ein wertvolles Stück hautstützenden Knorpel heraussäbeln. Oder muss ich zu einem Friseur gehen, der sich der Innenhaarrasur widmet?

Ich stelle mir Räumlichkeiten wie in alten Videotheken vor, wo im Hinterzimmer, wenn man den bunten Insektenschutz-PVC-Vorhang zur Seite geschoben hat, statt Pornos weitere Behandlungsstühle zum Vorschein kommen. Daneben sitzt eine ältere bekittelte Erscheinung aus Berlin-Marzahn mit einem gefährlich surrenden, zigarilloförmigen Rasierer in der Hand und fordert einen rüde auf, sich endlich hinzulegen: »Brauchste noch 'ne extra Einlaaaadung?«

Ich versuche mich so gut es eben geht auf diese ungeahnten Veränderungen, die über mich kommen werden, vorzubereiten. Weitere Überraschungen kann ich wirklich nicht gebrauchen.

Ich habe viele Fotos von Gesichtern studiert. Alternde Köpfe verändern sich komplett: Im Unterkiefer baut sich der Knorpel ab, Nase und Ohren treten deutlicher hervor. Ist das alles nur eine optische Täuschung, oder wächst da nicht doch vielleicht noch was?

Ich habe mit einer Studie an mir selbst begonnen. Der Plan: Riech- und Lauschorgane vermessen. Mein Ohr rechts hat an der größten Stelle 6,0 Zentimeter Durchmesser. Mein Nasenrücken seltsamerweise auch. Besteht da ein Zusammenhang? Zum Glück habe ich keine frei baumelnden Ohrläppchen, die irgendwann herabhängen könnten, als hätte jemand Gewichte zu lange daran befestigt. Mit meinen angewachsenen Modellen wäre ich im Mittelalter vermutlich als Hexe verbrannt worden. Heutzutage hat die Menschheit das zu tolerieren gelernt. Ich persönlich mag diese Form ohne Geschlabber lieber.

Tag 3: keine Veränderung, 6, 0 Zentimeter, am Riechkolben und an den Löffeln. Es bleibt mir noch Zeit für weitere Recherchen, bevor ich mutiere.

Also frage ich den Net-Doktor, der immer weiß, wie er mich um den Verstand bringen kann: Wachsen Ohren und Nase im Alter wirklich? Ich stoße auf eine Krankheit: Akromegalie. Dabei wachsen Hände, Finger, Füße, Zehen, aber auch Kinn und Zunge immer weiter. Hilfe! Hängt mir die Zunge dann vielleicht irgendwann aus dem Hals wie bei einem Chamäleon (1,20 Meter)? Werde ich zum Riesen-Schuppentier (70 Zentimeter)? Ich beruhige mich erst wieder, als ich lese, dass nur etwa 300 Menschen jährlich daran erkranken. Es ist ein gutartiger Tumor an der Hirnanhangdrüse. Aber was, wenn der bei mir auch wächst?

Zurück in den Laufsportladen: »Ich habe mal eine Nummer größer geholt. Diese Modelle sind vorne besonders breit!«, erklärt die Fachfrau. Die 40er Größen sehen riesig aus an meinem Fuß, aber sie passen. »Das kennen wir schon«, sagt die Verkäuferin, eine durchtrainierte Mittdreißigerin ohne ein ersichtliches Gramm Fett an ihrem Körper, verständnisvoll. »Im Alter wachsen die Füße. Das kann bis zu zwei Nummern mehr bedeuten.« Ich schnappe mir die Monster-Treter und ziehe beleidigt zur Kasse ab. »Alter«, die spinnt wohl!

Hat dieses Internetz darauf vielleicht auch eine Antwort? Oh, nein, doch, da steht's: Auch die Füße werden im Alter länger und breiter. Ich habe riesige Quanten bekommen. »Quantum«, das ist Latein und bedeutet »groß« und »viel«, das trifft die Wucherungen am Ende meiner Beine recht gut. Sie fühlen sich auch schwerer an, kann das sein? Werde ich bald wie Bilbo Beutlin barfuß laufen müssen auf monströsen Füßen, die im Verhältnis zum Körper wie Mutationen aussehen und in keine Schuhe der Welt mehr passen? Wachsen dann auch Haare darauf?

Die Füße wachsen nicht wirklich, finde ich heraus, doch Bänder und Sehnen werden instabiler und der Fuß dehnt sich dadurch aus. Von Haaren ist an dieser Stelle keine Rede.

Platt getrampelt habe ich meine Quanten, jahrzehntelang, jetzt bekomme ich die Rechnung. Diese Bodenhaftung, wäre ich doch nur mehr durch mein Leben geschwebt!

Was kommt da noch auf mich zu? Die Wimpern werden dünner und kürzer, aha. Und da steht: Im Alter schrumpft der Penis. Eine Art Bindegewebe ersetzt die verloren gegangenen Muskelzellen. Diese Orangenhaut im Pimmel ist weniger flexibel, und deswegen kann das Organ sich nicht mehr so gut mit Blut füllen. Es verliert an Länge, Umfang und Elastizität.

Puh, wenigstens das bleibt mir erspart!

20. Tag: Nase und Ohren 6,0 Zentimeter, unverändert.

Szenen einer unausweichlichen Annäherung
10

»Moinsen!«, rufe ich fröhlich in mein Schlafzimmer hinein. Keine Antwort. Ich stehe auf, recke und strecke mich, es knackt. Ist mein Rücken so laut geworden? Ich öffne meinen Kleiderschrank und mache einen Satz rückwärts. »Boah! Musst du mich so erschrecken?« Lemmy antwortet nicht. Er sitzt zusammengekauert zwischen meinen Unterhosen und Pullis, das rote Kleid und ein bauchfreies Top, das ich schon länger nicht mehr anhatte, baumeln über ihm an Kleiderbügeln. Jetzt hebt Lemmy langsam den Kopf und schaut mich aus verheulten Klüsen an: »Und Lemmy wartet im Schrank«, wimmert er los, sichtlich um Aufheiterung bemüht. Ich erkenne sofort den Refrain von »Gaby wartet im Schrank«, den Gaga-Schlager, den Udo Jürgens für Tomas Friedrich geschrieben hat.

»Na, vor wem versteckst du dich denn?«, frage ich verständnisvoll wie eine Mutter, die ihr Kind wieder gefunden hat. »Vor dir!«, heult er los. »Ich wollte dich neulich nicht zu Tode erschrecken, ich wollte dir keine Angst machen und dich schon mal gar nicht umbringen. Ich bin doch vollkommen harmlos, ich bin nicht Nick Cave, ich bin romantisch wie ein Schlagersänger! Das ist mein wahres Wesen!«, jammert er weiter. Lemmys Tränen rinnen die kantigen, hohlen Wangen hinunter. Er scheint auch schwer zu schwitzen zwischen all den Klamotten. Plötzlich sehe ich wie ein braunes Rinnsal seine linke Schläfe hinabläuft. Er sieht auf einmal aus wie Trumps Ex-Anwalt Rudy Giuliani bei der Pressekonferenz zur US-Wahl.

»Lemmy! Benutzt du Haar-Mascara?«, will ich von dem Häufchen Elend in meinem Kleiderschrank wissen.

»Oh, nein!«, heult er auf, »ich wollte nicht, dass du das siehst!« Lemmy springt aus dem Schrank wie ein Reh auf der Flucht und verschwindet im Badezimmer. Ich klopfe an die Tür. »Wie alt bist du denn wirklich?«, frage ich neugierig. »Achthundert Jahre, fast so alt wie Yoda«, gibt er mit fester Stimme und auf das Star-Wars-Universum anspielend zurück.

Bumm, Bumm, Boomer

Es ist Zeit, sich mal richtig auszukotzen. Ich verstehe jetzt, dass ich älter geworden bin. Aber warum hatte ich so lange Schwierigkeiten damit, das Alter, so wie es über mich gekommen ist, überhaupt zu sehen?

Es war, zumindest in Teilen, die nackte Angst, wie ich leider feststellen musste. Die Angst davor, plötzlich nicht mehr mitspielen zu dürfen, Schwächen offenbaren zu müssen und nicht mehr als vollwertiges Mitglied der werktätigen Gesellschaft zu gelten. Mit 50 gehört man zum alten Eisen in der modernen Arbeitswelt. Ich habe Angst, irgendwann zu sabbern, mir einen Oberschenkelhalsbruch zuzuziehen, daran zu sterben oder in der Hamburger Waitzstraße in ein Schaufenster zu rasen, wie es Rentner reihenweise vor mir getan haben.

Die Welt ist im Jugendwahn. Die mittleren Jahre übertünchen wir mit peinlichen Aktivitäten wie Snowboard fahren, Kiten oder Stand-up-Paddeln. Wir Babyboomer tragen Hoodies, die wir uns von unseren Kindern geborgt haben und treiben die Selbstoptimierung so weit, dass wir auch mit 55 noch bauchfrei tragen können. Oder zumindest so tun als ob. Wir arbeiten uns an einem merkwürdigen Erwartungsbild ab und verpassen die wichtigen Transformationsjahre.

Bis zum Eintritt in die Tattergreisigkeit wird von uns erwartet, dass wir eine Fassade von Jugendlichkeit aufrechterhalten. Man ist entweder jung oder alt, tauglich oder untauglich, brauchbar oder unbrauchbar, Entlastung oder Belastung. Der Druck ist enorm. In der allergrößten Not lässt man sich eben operieren. Kein Wunder, dass viele Kids uns peinlich finden, oder »cringe«, wie die Jugendsprache es aus dem Englischen geborgt hat.

Ich mache da nicht mehr mit! Ab sofort habe ich Respekt vorm Altern und bekenne mich: Ich trinke gern Eierlikör, ich sage »aua«, wenn's wehtut, und ich gehe gern spazieren! Ja, höret, ihr jungen Leute, macht Platz auf dem Bürgersteig, die Boomer kommen! Wir sind reich an Erfahrung, so lernet von uns!

Gestern zeigt mein Sohn mir ein Video von einem Festival. »Oh, warst du auch in dem Moshpit?«, will ich von ihm wissen. »Woher weißt du denn, was ein Moshpit ist?«, fragt er mich entgeistert. Da springt der kleine Schweizer aus der Ricola-Reklame direkt aus meinem Innersten und fragt: »Wer hat's erfunden?« Es folgt eine Exkursion in meine Jugend und die ersten Punk- und

Death-Metal-Konzerte. Die dazugehörigen Exzesse lasse ich aus pädagogischen Gründen unter den Tisch fallen.

»Weißt du eigentlich, dass ihr wegen uns das Wort ›geil‹ einfach so sagen könnt?«, will ich von meinem Sohn wissen. Er guckt wie ein Auto. »In den 80ern tauchte es auf, plötzlich hat es jeder benutzt. Jeder unter 25. Geile Musik, geile Party, geiles Wetter. Alles war über Nacht plötzlich geil. Supergeil! Das Aussprechen dieses Wortes hatte eine unfassbare Wirkung auf ältere Leute. Für sie hatte es noch eine unanständige Bedeutung, sie fühlten sich dadurch peinlich provoziert, als würde man heutzutage tausendmal hintereinander ›ficken‹ sagen. Na ja, das geht mittlerweile ja auch. Aber damals durften wir in der Schule nicht ›geil‹ sagen. Mein Französischlehrer hat mich mal deswegen aus der Klasse geworfen. Und das war nicht der einzige Grund. Er fand, ich war für den Unterricht nicht passend gekleidet. Meine Jeans hatte natürlich gewachsene Löcher, die ich seiner Meinung nach endlich flicken lassen sollte.«

Mein Sohn ist fassungslos. Leon gibt Geld dafür aus, er kauft zerrissene Jeans als modische Klamotte im Laden.

»In meiner Jugend wurde auch Techno erfunden. Ich war bei den ersten Loveparades dabei und im Tresor in Berlin haben wir die Nächte durchgetanzt. Also im echten Tresor, dem Tresorraum des ehemaligen Wertheim-Kaufhauses, kurz nach der Maueröffnung. Kennst du

Acidhouse, ›Can You Feel It‹?«, frage ich und stimme den Song laut an.

Mein Kind schaut mich an, als würde ich vom Krieg erzählen. Ein »Oha!« rutscht aus seinem Mund. Er hört gern Techno, keine Ahnung, ob er sich je Gedanken gemacht hat, wie diese Musik entstanden ist. Ich bilde mir ein, dass er seine Mutter seit unserem gemeinsamen Ausflug in ihre Jugend anders sieht. Wir sollten unsere Kinder über das weitreichende Wirken unserer Generation besser informieren.

Ich finde, dass wir Boomer allgemein mehr Respekt verdienen und viel selbstbewusster durch die Welt gehen könnten. Wir haben schon etwas geleistet an der Front! Wildes Feiern muss man erst mal überleben. Da darf man auch ein wenig zerknittert aussehen.

Bumm, bumm, Boomer, jetzt kommen wir! Wir sind im Wohlstand groß geworden, haben, zumindest in Deutschland, keinen Krieg erlebt und sind in vielerlei Hinsicht privilegiert. Die ganze Welt rennt der Jugend hinterher, dabei sind die Silver Ager die finanziell Potenten. Wir haben Geld und sind in der digitalen Welt angekommen. 50+ ist keine Krankheit, es könnte ein kapitaler Fehler sein, uns abzuschieben in das Reich der grauen Unsichtbaren. Wir sind berufstätig, beratungsaffin und konsumfreudig. Vor allem sind wir viele: 13 Millionen!

Szenen einer unausweichlichen Annäherung
11

Lemmy is(s)t sehr gern in der Küche. Er schiebt sich gerade ein Stück Pizza vom Vortag zum Frühstück rein, da überrumpelt ihn offensichtlich ein Gedanke. »Mpfh, ich habe alle FIFA-Levels durchgespielt. (Schluck) Hast du eigentlich eine Gitarre im Haus?« (Schmatz) »Ja, aber da muss ich wohl mal andere Saiten aufziehen«, gebe ich leicht genervt und betont doppeldeutig zurück, »eine ist schon gerissen.« Gesagt, getan.

Ich überreiche Lemmy das Instrument, bin aber skeptisch. Er sieht zwar manchmal aus wie ein aus dem Himmel herabgestiegener Rockstar und verhält sich auch so, aber ob sich hinter der Rotten-Vintage-Fassade wirklich ein echter Musiker verbirgt, wird sich jetzt zeigen.

Pläng! Der erste Akkord. Oh, es ist »Love Will Tear Us Apart« von Joy Division. Das war mal mein Lieblingssong, und er gehört zu meinen All-Time-Favourites. Der Sänger Ian Curtis hat sich 1980 mit 23 Jahren erhängt. Ich liebe dieses Stück! Wir wollten doch auch alle früh sterben – No Future! – und jetzt lausche ich mit über fünfzig einem

Mann, der das Alter gefressen hat. »When routine bites hard and ambitions are low«, beginnt Lemmy zu singen. Seine Stimme ist überwältigend, sie zieht mich in ihren Bann, und ab diesem Moment ahne ich, dass ich verloren bin. »Alter!«, entfährt es mir, »da wird ja der Hund in der Pfanne verrückt. Woher hast du diese Stimme?« »Angesoffen!«, gibt er knapp zurück und stimmt den nächsten Song an. Ich schmelze dahin.

Sommerloch ohne Musik

Ungefähr gestern hätte ich unter normalen Umständen im Hamburger Stadtpark Gregory Porter gelauscht. Voller Wehmut stelle ich mir das vor. Ein lauer Sommerabend, die Stadt ist leer, Schmetterlinge flattern durch den Park. Und dazu einfach gute Musik. Wie ich das vermisse!

Doch stattdessen erreichen mich immer wieder diese E-Mails von Konzertveranstaltern, in denen steht, dass der Gig um mindestens ein Jahr verschoben wird – wie in der DDR-Planwirtschaft.

Ich will doch keinen Trabi kaufen, ich will einfach nur Livemusik genießen und nicht ein ganzes Jahr warten.

Auf was oder wen eigentlich – auf Godot vielleicht? Wer weiß, was in einem Jahr ist?

Vollkommen absurd hängt diese dunkle Corona-Wolke über diesem Sommer 2020, an den wir uns sicher noch lange erinnern werden. »Weißt Du noch, wie wir mit

Maske ins Restaurant gegangen sind und so eine krumme Summe wegen der Mehrwertsteuer gezahlt haben?«, so oder so ähnlich werden wir diese (zumindest im Norden verregnete) Zeit wahrscheinlich irgendwann einmal rekapitulieren.

Als wäre er direkt einer DDR-Braunkohle-Dreckschleuder entwichen, hängt der Corona-Smog über dem, was einst der »Summer in the City« war. Es ist der dunkelste Sommer ever, in dem wir uns steril sauber halten müssen, während der Schmutz der Seuche die Zeit mit saurem Regen wegätzt.

Und die eigene Endlichkeit gerät immer mehr ins Bewusstsein. Die wertvolle Zeit rinnt davon. Wie viele Sommer werden wir durch Covid-19 verlieren? Die grauen Männer erobern die Welt, rauben der warmen Jahreszeit ihre Leichtigkeit, und wir können nichts tun. Nur warten. Ich kann Momo nirgendwo sehen.

In dieser Wartezeit schreit das Alter mich geradezu an. Ich habe Rücken, es knackt, und alles tut weh. Niemand würde mich um 08.00 Uhr morgens noch jünger schätzen, als ich bin. Das denke ich jeden Morgen, wenn ich mein Konterfei im Spiegel sehe. Ich fühle mich auch so alt, wie ich bin. Das hatte ich eigentlich jahrelang zu verhindern gewusst, jetzt erwischt es mich wieder und wieder eiskalt.

Die Musik hat mir immer geholfen, jung zu bleiben. Vor allem im Sommer war ich regelmäßig auf Livekonzerten unterwegs.

Eine Zeit ohne Beschallung ist keine gute. Die Musik war schon immer mein Lebenselixier: Sie hat mich von meinem fortschreitenden Alter abgelenkt und mir die Illusion einer adoleszenten Jugendkultur-Welt erhalten.

Auf Festivals habe ich mich immer am wohlsten gefühlt. Man zieht von Bühne zu Bühne, trifft Freunde, lernt neue Leute kennen, und überall ist Musik. Das alles scheint mir jetzt Lichtjahre entfernt.

Auch, dass ich im vergangenen Jahr zum ersten Mal in Wacken war. Ja, auch das muss man mal gesehen haben! 80 000 Metal-Heads schütteln die Köpfe und werfen sich in den Schlamm. Sie leben wie in einer Hippie-Kommune ein paar Tage zusammen und lassen es krachen. Auch ich habe seltsame Jägermeister-Mischgetränke in mich hineingekippt und hatte eine gute Zeit.

Das kommt mir jetzt vor, als wäre ich auf einem anderen Planeten gewesen. Doch noch nicht einmal »Disaster Area«, die lauteste Band des Universums, kann uns im Moment retten. Douglas Adams' genialer Erfindung einer Plutonium-Rockband aus »Per Anhalter durch die Galaxis« kann man nur in einem Betonbunker zuhören, während die Musiker selbst in der Umlaufbahn eines anderen Planeten spielen.

Doch das Credo des Schriftstellers »Keine Panik!« ist in diesem Sommer nicht so leicht umzusetzen. Ich jedenfalls werde langsam fahrig und fühle mich so alt wie noch nie. Stimmt, bin ich ja auch, aber bislang hatte ich das irgendwie erfolgreich ausgeblendet.

Ich brauche dringend ein Gegenprogramm, sofort! Im Wohnzimmerschrank, in der hintersten Ecke, horte ich meine Konzert-DVDs. Die braucht man heutzutage ja wegen der Streaming-Dienste nicht mehr, aber ich suche nach einer ganz bestimmten. Zielsicher greife ich zu einer Scheibe, die mir immer gute Laune gemacht hat, zumindest vor weit über 15 Jahren: Robbie Williams live, »What We Did Last Summer«. Es ist eine Monster-Konzertaufzeichnung aus Knebworth, aufgenommen an drei Tagen mit 375 000 Zuschauern im Jahr 2003. Sensationelle Flüge über die Köpfe des Publikums, ich drehe den Volume-Regler auf, Robbie Williams singt zusammen mit Zehntausenden: »Let me Entertain You«, und los geht die Konzert-Sause. »For the next two hours your ass is mine!«, brüllt der noch junge Popstar. Ich gebe ihm den Rest meines Körpers noch dazu, auch meinen Geist soll er haben. Ich kann noch viele der Songs auswendig mitsingen, was für ein Spaß. Es funktioniert! Ich bin plötzlich wieder eine Enddreißigerin, und dann, vielleicht weil Robbie wie Douglas Adams auch aus England stammt, fällt mir auch wieder die Antwort auf alle Fragen ein: 42.

Überall rotten sich bekloppte Feierbiester ohne Masken zusammen, als hätte es Ischgl nie gegeben. Auf Kampfstern Mallorca haben die Touristen den Ballermann so weit niedergefeiert, dass die spanischen Behörden alles dichtgemacht haben.

Da verlagern die hirnlosen Partysüchtigen die Massenveranstaltungen einfach an den Goldstrand von Bulgarien. Bei den Schaumpartys dort wird zwar alibimäßig Fieber gemessen, doch die Corona-Neuinfektionen steigen in Bulgarien rasant an.

In Stuttgart oder Frankfurt zeigen die Feierwütigen ihre Emotionen ganz offen. Sie werfen mit Flaschen und Mülltonnen, plündern Läden und greifen Polizisten an. Der größte Spaß: eine Massenschlägerei!

Es muss sich um Vogonen handeln. Douglas Adams schildert sie als »eine der unausstehlichsten Rassen im ganzen Universum«. Sie werden bestimmt bald unsere Erde sprengen.

Ich wünsche mir eine Zeitmaschine, mit der ich mich stante pede dahin beamen kann, wo es diese Seuche nicht mehr gibt (und wir die Antwort auf alle Fragen finden: 42).

Szenen einer unausweichlichen Annäherung
12

Lemmy schaut mich an, mustert mich von oben bis unten und wiehert belustigt. »Na, der Stoffwechsel lässt wohl nach!« Erst als er seinen Blick an mir nach unten schweifen lässt, verstehe ich: Er meint meinen Bauch, die kleine Wölbung, die sich seit ein paar Wochen abzeichnet.

Ein Leben mit einem Rock 'n' Roller, der sich für unsterblich hält, macht auch nicht gesünder, denke ich in mich hinein.

»Gnadenhof für alte Kalorien oder Feinkostgewölbe, was meinst du?«, prustet der los. Meine Gesichtszüge entgleisen. »Witzig! Wo hast du denn die Kalendersprüche her?«, fauche ich beleidigt zurück.

»Auf das Alter! Also, bei mir setzt nix an«, feixt der Gertenschlanke. Das reicht jetzt, der nistet sich bei mir ein, frisst mir die Haare vom Kopf und wird nicht dicker! Eine Unverschämtheit! Ich finde, er ist schuld. Seit er bei mir ist, habe ich zugelegt. »Alter«, wie ich ihn in Gedanken jetzt manchmal wieder nenne, nervt beizeiten einfach nur, und seine Disziplinlosigkeit färbt auf mich ab. Das kann doch

nichts mit dem Stoffwechsel zu tun haben. »Arschloch!«,
platzt es aus mir heraus.

Lemmy grinst nur und stichelt weiter: »Hast wohl wieder Sport gemacht? Ritter Sport, Weiße Voll-Nuss?!?«
Mein sonst niedriger Blutdruck explodiert, ich bin irre
wütend. Unser erster richtiger Streit, ich muss jetzt unbedingt andere Leute sehen, irgendwo draußen, wo ich mich
bewegen kann.

Superwoman, Ken und ich
auf dem Wakeboard

Moritz hat was am Knie. Er kommt erst gar nicht. Thomas erscheint mit einer Zerrung und einem leicht schmerzverzerrten Gesicht. Sonja klagt über leichte Kopfschmerzen, Anke ist ängstlich, Sabine hat entsetzlich gute Laune, und ich habe Rücken.

Wir treffen uns zu fünft, alle über fünfzig. Der Plan: Wakeboard fahren.

Dabei steht man auf einem Brett, das so ähnlich aussieht wie ein Snowboard, die Füße stecken allerdings in einer Art offenem Adiletten-Klettverschluss-Schuh. Der zwingt einen in eine Beugung, die an den Stuhlgang erinnert. In dieser Haltung wird man horizontal von einem Lift mit einem sehr langen Seil, an dessen Ende ein Schleppdreieck hängt, übers Wasser gezogen. Doch das ist leider nicht weich wie Schnee, es hat seinen ursprünglichen Aggregatzustand und ist bretthart.

Dabei kann man bis zu 30 Stundenkilometer schnell werden. Stürze kopfüber sind besonders gefürchtet und sollen das Gesicht übelst entstellen. Das kann ja heiter werden!

Ich hatte das schon mal ausprobiert vor etlichen Jahren. Damals hatte mich ein gut aussehender Surferboy mit einem Boot sanft aus dem Wasser gezogen. Da bin ich aber auch noch ohne Probleme von einer Klippe gesprungen und war in einer deutlich besseren Verfassung.

Jetzt stehe ich auf einem Steg, vor mir ein Endzwanziger, der den Befehl erteilt hat, ohne Neopren ins Wasser zu gehen. Es ist ballerheiß und wir Frauen tragen nur Bikinis. Darüber haben wir uns in eine enge Weste gezwängt, die wie beim Dirndl alles abquetscht. Gut, dass es hier keine Spiegel gibt. Ich bin sehr aufgeregt.

Thomas mit der Zerrung fährt als Erster los. Er sieht aus wie Ken, der Mann von Barbie, wie er so elegant übers Wasser gleitet. Er hat das wohl schon ein paar Mal gemacht in seinem Leben. Die Leine am Lift ist an zwei Masten befestigt. Am Ende fährt Ken-Thomas eine sanfte Kurve und kommt mit einem entspannten Gesichtsausdruck zurück. Ich habe keine Ahnung, wie er das angestellt hat.

Als Nächste ist Sabine dran. Sie beherrscht so gut wie jede Sportart und gilt in dieser Peergroup als eine Art Superwoman. Klar, sie lässt sich auch lässig aus dem Wasser ziehen und kehrt quietschvergnügt aus der Kurve zurück. Ich habe mich ganz hinten angestellt, um mir noch möglichst viel abgucken zu können. Aber es bleibt mir ein Rätsel, wie auch die anderen beiden locker auf diesem Brett dahingleiten.

Dann bin ich dran. Der befehlshabende Endzwanziger gibt mir noch ein paar Anweisungen, die ich leider nicht behalten kann und sofort vor lauter Aufregung wieder vergesse. Dann drückt er auf den Knopf, und die Leine zerrt an mir. Irgendwie komme ich hoch, und dann fahre ich tatsächlich etwa fünfzig Meter weit. Und versinke in den Fluten. Ich grapsche nach dem Schleppdreieck, das an der Wasseroberfläche baumelt. Dann zieht es mich wieder hoch, und ich schaffe es bis zu der Stelle, wo die anderen die Kurvenfahrt eingeläutet hatten. Und jetzt? Keine Ahnung. Plumps, da hänge ich wieder in meiner Dirndl-Weste im Wasser am anderen Ende des Lifts, an dem mich die Stimme des Befehlshabenden nicht mehr erreichen kann. Ich recke artig einen Arm nach oben, wie es mir aufgetragen wurde, und gelange – durch drei weitere Stürze unterbrochen – irgendwie ans andere Ufer. Unfähig, mich selbst und das Brett noch aus dem Wasser zu heben, robbe ich mich an den Steg, möglichst unter dem Radar des Befehlshabenden. Hoffentlich beobachtet mich niemand, während ich unter Wasser verzweifelt versuche, den Adiletten-Klettverschluss zu lösen. Sonja rettet mich. Sie nimmt mir das Brett ab und zieht die Aufmerksamkeit aller sofort auf sich, indem sie verkündet, dass sie jetzt wieder eine Kurve fahren wolle. Wie ein sehr altes Walross hieve ich mich auf den Steg. Gut, dass auch hier kein Spiegel ist.

Jeder kommt vier Mal dran. Es macht tatsächlich einen Höllenspaß, über das Wasser zu schießen. Heißa, ich spüre meine Gliederschmerzen nicht mehr! Das müssen körpereigene Endorphine sein, die mir hier einen herrlichen Rausch bescheren. Doch bei der letzten Fahrt reißt mir der Schlepplift mit seinem Zugdreieck fast die Hände ab. Ich habe keine Kraft mehr, mich festzuhalten. Irgendwie schaffe ich die letzten Meter und verberge meine roten Hände.

Alle giggeln und ich vergesse meinen Schmerz bei einem Aperol-Spritz am Baggerseestrand.

Es wird dunkel, und wir grillen auf dem benachbarten Campingplatz. Es ist einfach nur schön, dazusitzen, mit Freunden, die sich seit Ewigkeiten kennen und jetzt ihre Wakeboard-Erlebnisse austauschen.

Da höre ich einen Automotor aufheulen. Ein Kleinwagen kommt mit etwa 50 Stundenkilometern auf den Campingplatz geschossen. Direkt auf mich zu. Eine Sekunde lang denke ich: »Gleich bin ich tot.« Doch der grölende Fahrer schafft es noch, das Lenkrad rumzureißen. Die drei Jugendlichen im Vollrausch hinterlassen eine Staubwolke und kommen mitten auf dem Campingplatz zum Stehen. Sie steigen aus und benehmen sich schlecht. Die Jugend eben. Die Camper, Durchschnittsalter circa sechzig, verjagen die Unholde, die auf dem Rückweg noch die Absperrkette mit dem Kotflügel wegreißen. Die Polizei kommt, wir packen zusammen, und ich fahre trotz allem völlig beseelt nach Hause.

Ich fasse zusammen: Ich stand – zumindest zeitweise – auf einem Wakeboard, hatte einen Endorphinrausch, wurde beinahe totgefahren und hatte danach fünf Tage Muskelkater.

Würde ich das wieder machen?

Ja, sofort.

Szenen einer unausweichlichen Annäherung
13

Lemmy hat im Supermarkt wieder Chips mitgehen lassen, ohne dass ich es gemerkt habe. Wie hat er die fettigen frittierten Kartoffeln in riesigen Tüten nur durch die Kasse geschleust? Zuhause zaubert er noch eine Großpackung Haribo Weiße Mäuse hervor und atmet sie innerhalb kürzester Zeit weg. Durch den Zuckerschock geboostert, springt er wie eine Rakete vom Sofa auf und schreit:

»Should I stay or should I go now?«

Dabei tanzt er wie ein Derwisch durchs Wohnzimmer. Er dreht sich und fuchtelt wild mit den Armen um sich. Während er die Blumenvase samt Tulpen und Wasser auf den Boden fegt, sich ein Kissen packt und es durch den Raum schleudert, übersetze ich, weil ich ihn garantiert nicht aufhalten kann, den Text seiner interessanten Interpretation des Clash-Songs:

»Wenn du sagst, du gehörst mir, werde ich bleiben bis ans Ende der Zeit. Du musst es mir sagen: Soll ich bleiben, oder soll ich gehen? Wenn ich gehe, wird es Ärger geben, und wenn ich bleibe, wird er doppelt so groß, also komm, sag es mir, soll ich bleiben, oder soll ich gehen!?«

Gute Frage ... Noch bevor ich sie beantworten kann, fängt Lemmy an zu torkeln, sein Gleichgewichtssinn ist schwer gestört. Nach fünfminütiger Rechtsdrehung fällt der baumlange Kerl einfach um.

Die vorläufige Liste –
eine Zwischenbilanz

Eine ganze Weile halte ich es schon mit dem Alter aus, ohne zu flüchten. Wie man ein gutes Stück Fleisch abhängt, das erst mit der Zeit diesen gewissen Geschmack bekommt, habe ich gewartet, um mir ein Urteil bilden zu können. Es ist an der Zeit, darüber nachzudenken, ob ich es (das Fleisch) weiter bei mir behalten möchte, bevor es anfängt zu stinken, sich grau zu verfärben und die Maden sich einnisten.

Zeit für eine Zwischenbilanz: Das Alter und ich, wir haben uns angenähert, beschnuppert und grob kennengelernt. Es ist nicht so schlimm wie befürchtet, aber schön ist was anderes. Vor allem hat es mich mitgenommen auf eine emotionale Achterbahnfahrt, die ich so nur aus der Pubertät kenne. Ups and downs, mal ist es lustig, mal ist es traurig, aber vor allem hat es mich wütend gemacht. Von null auf hundert in Millisekunden. Diese Unfähigkeit, den Prozess aufhalten zu können, dieses überwältigende Gefühl von Machtlosigkeit, das ist schwer auszuhalten. Ich vermute, dass die damit einhergehende Aggression mit einer Attacke durch die Hormonumstellung zusammenhängen könnte. Das würde auch die Ähnlichkeit mit Symptomen der Pubertät erklären.

Auf der anderen Seite habe ich Seiten an mir entdeckt, die ich bislang nicht kannte. Eine gewisse Ungehemmtheit hat sich eingestellt, Erkenntnisse kamen über mich, und das Nachdenken über den Alterungsprozess hat mich nicht nur ratlos zurückgelassen. Ich kann mit dem Altern zurechtkommen. Doch kann ich es leiden? Ich weiß es immer noch nicht.

Ich mache es einfach, wie Paartherapeuten es vorschlagen. Wenn man nicht genau weiß, ob man eine Beziehung noch will, soll man eine Liste machen mit Vor- und Nachteilen. So wie: Er hat eine wunderschöne Oberarmmuskulatur, aber er pupst sehr laut. Oder: Er täuscht seinen Orgasmus nicht vor, aber er denkt immer noch, dass Mutti ihm die Socken wäscht.

Ich stelle mir also vor, das Alter könnte mein neuer Partner sein. Es nützt ja nichts, ist wohl so. Er hat sich an mich rangewanzt, und jetzt muss ich überlegen, ob ich ihn überhaupt will und mich auf ihn einlassen möchte, so voll und ganz.

Hier sind meine vorläufigen Listen:

Der Vorteil, wenn man »Alter« anerkennt:

» Keine Überraschungen beim Hausarzt
» 30 Prozent der Bevölkerung sind genauso alt.
  Du bist nicht allein!
» Wenn es wehtut, weiß man, woher es kommt.
» Man kann den Rest des Lebens genießen.
» Man kann auch andere siezen.
» Man hat bei Konzerten manchmal Kontakt zur
  Jugend.
» Frank Plasberg, Sandra Maischberger und Markus
  Lanz sind auch Babyboomer.
» Man kann sich auch mit alten weißen Männern
  unterhalten.
» Man kann mit über fünfzig was Dummes ins
  Internet schreiben.

Der Nachteil, wenn man »Alter« anerkennt:

» Es wird hässlich.
» Man kann nicht mehr so einfach mit Jüngeren
  reden, aka peinliche Jugendsprache.
» Wenn es wehtut, sucht man nach Ursachen,
  die man nicht findet.
» Man weiß, dass dieser Bums endlich ist.
» Man wird immer noch gesiezt.
» Plötzlich sieht man, dass die jungen Leute einen
  bei Konzerten so komisch angucken.
» Frank Plasberg, Sandra Maischberger und
  Markus Lanz sind auch Boomer.
» Man muss alte weiße Männer angucken.

» Man muss sich von Rezo sagen lassen: »Leute
über fünfzig schreiben was Dummes im Internet.«

Lol, Rezo! Ich nehme noch Teil am öffentlichen Dis-
kurs! Manchmal rede ich auch einfach nur mit mir
selbst.

»Okay, Boomer, es ist so weit«, höre ich mich sagen.
Selbstgespräche. Das soll, neuesten Erkenntnissen
zufolge, wirklich guttun. Mein neuer Bekannter findet
das übrigens auch.

Szenen einer unausweichlichen Annäherung
14

Lemmy packt seinen Rimowa-Koffer. Einer der vielen Aufkleber darauf stimmt mich nachdenklich: »Soll ich Sie duzen, siezen, bitchen, altern oder diggern?« Während ich noch darüber sinniere, was ein 55-jähriger Sicherheitsmann am Flughafen bei der Kontrolle dazu sagen würde, schmeißt Lemmy auch seine dreckige Unterwäsche in sein Gepäckstück. Zwei karierte Boxershorts, ein geripptes Unterhemd und zwei Paar Socken, die wahrscheinlich auch von allein stehen könnten.

»Was hast du vor?«, frage ich. »Ich muss mal ein paar Tage weg«, antwortet er einsilbig. Es klickt, er schnappt sich den Koffer, seine Lederjacke und verschwindet so schnell, wie er damals gekommen ist.

Ein paar Tage nutze ich die neue Freiheit ohne Rücksicht auf Verluste aus. Ich trinke nicht, mache regelmäßig Sport und ernähre mich gesund. Zudem sorge ich für genügend Schlaf und intellektuell herausfordernde Lektüre.

Nach einer Woche fühle ich mich sehr leer.

Ich vermisse ihn.

Einsamkeit hat viele Namen

Achtung! Ende eines sehr langen Cliffhangers. Aus purer Langeweile habe ich mich tatsächlich bei verschiedenen Partnervermittlungsapps angemeldet. Was machen die Menschen in der Pandemie, wie kommen Singles zu Körperkontakt, wenn es eigentlich verboten ist? Das will ich herausfinden.

Es ist quasi eine selbst auferlegte Recherche, eine recht ungewöhnliche dennoch. Zum ersten Mal in meinem Leben versuche ich mich auf diesen Plattformen zurechtzufinden. Nach links wischen, ausgemistet. Nach rechts, gefällt mir.

Die Guten ins Töpfchen, die Schlechten ins Kröpfchen. Heidi Klums brutaler Satz kommt mir in den Sinn: »Ich habe heute leider kein Foto für dich!«

In dem TV-Model-Wettbewerb »Germany's Next Top Model« saß neulich ein österreichischer Fotograf neben der selbst ernannten »Model-Mama« Klum. Christian Anwander gibt sich noch brutaler als Heidi und feiert sich dafür. Er schmäht die jungen Frauen auf dem Laufsteg abwertend an und nennt sie nur »Gööööööörls«. Er ruht sich sehr lange auf dem Vokal »ö« aus. Wenn er kein Fotograf wäre und keine Entscheidungsgewalt über die Schicksale der Models hätte, würde er vermutlich keinen Stich machen bei den wunderschönen Modelanwärterinnen.

Genauso ein Typ wird mir als Erster vorgeschlagen: ein verwachsener Bartträger mit fliehendem Kinn, der sich offensichtlich großartig findet. Weg! Der nächste sieht aus wie ein Serienmörder. Weg!

Der Nachfolger zeigt sich mit dem Grillrost in der Hand. Oh, welch Wunder, er kann grillen! Das kann ich auch, kein special skill. Weg.

Das macht Spaß, merke ich plötzlich.

Der Nächste sieht ganz nett aus. Er hat auch noch ein Foto von sich bei der Ausübung seines Hobbys angehängt, das scheint hier üblich zu sein. Der Mann klettert eine Wand hoch. Match!

Er mag auch meine Fotos. Jetzt will ich von ihm wissen, wie man das so anstellt auf dieser Plattform mitten in einer Pandemie. Er nennt sich »Schrödinger's Cat« und offeriert mir gleich drei Optionen: gar nicht treffen, mutiger sein und zu einem Spaziergang treffen und drittens: »Sterben musst du irgendwann sowieso und eine Partnerschaft ohne Küssen und Nähe ist auch kacke, also, welches Türchen soll's denn sein?« Ich kann mich nicht für eine Option entscheiden. Nur sterben, das will ich noch nicht, schon gar nicht, weil ich Schrödinger's Cat küssen musste.

109

Als ich nach ein paar Stunden immer noch nicht geantwortet habe, bekomme ich von dem, der sich nach einem physikalischen Gedankenexperiment benennt, diese Nachricht: »Voraussetzung ist allerdings, dass du dich meldest.« Ich schaue mir sein Profil genauer an. Er hasst Fußballfans mit Bierdosen, »die Welt wäre eine bessere mit mehr Kreativität, Neugier und Bildung«, schreibt er. Aha, Bildung. Ich zähle 18 Rechtschreibfehler in seinem Text. Außerdem gucke ich zu gern »Sportschau«.

Weg!

Ich bin zu einer grausamen Heidi geworden, die ihre Opfer in den Orkus der Bedeutungslosigkeit zurückschickt. Wisch, wie schnell das geht …

Der Nächste will meine besorgte Anfrage gar nicht verstehen. Er kommt gleich zur Sache, Schätzchen: »Bist du hier zu bum …«

Dann, endlich: Andreas. Er sieht freundlich aus. Wir schreiben ein paarmal hin und her, und er trifft für meinen Geschmack den richtigen Ton. Wir telefonieren fast drei Stunden. Er hat viel Text, ich komme kaum zu Wort. Aber seine Geschichten höre ich gern: Andreas ist in seinen Zwanzigern auf eine Wahrsagerin getroffen, die ihm ungefragt ein Lebensende mit 51 vorhersagte. Als er 52 wurde, hat er das gefeiert. Gedanken übers Altern hat er sich nie gemacht, bis Corona kam. Er berichtet über viele schlaflose Nächte – und seine plötzliche Angst vorm Sterben, die ihm die Nachtruhe raubt. Er fürchtet sich auch davor, mit 60 plötzlich zum

Spießer zu werden. Und dann fragt er: »Kann man mit 60 noch Sex haben?« »Warum denn nicht?«, entgegne ich ihm. Wir wollen demnächst mal spazieren gehen. Sein Freund sei Arzt, der hätte ihm Corona-Tests mitgebracht, falls ich mal einen bräuchte … Als ich auch mal zu Wort komme und ansetze, ihm davon zu erzählen, wie ich mir die Nächte so um die Ohren schlage, bricht das Gespräch plötzlich ab. Sein Akku ist alle, oh bitte nicht so einer! Das muss man doch checken, oder bin ich da zu spießig?

Ich will unbedingt noch weiter tanzen auf dem Ball der einsamen Herzen. Leider sieht der nächste Mann aus, als würde er Frauen sehr lange in seinem Keller einsperren. Hat der denn niemanden, der ihn bei seiner Präsentation beraten kann?

Next: Ein Mann mit 1,90 Meter Größe bietet sich feil. »Ich kann sprechen, muss aber nicht, bin lebenserfahren, aber nicht verlebt.« Aha. »Wenn du mir gefällst, würde ich den Abstand auch aufgeben«, teilt er mir mit. Er scheint sich offensichtlich überhaupt nicht zu fragen, ob ich damit einverstanden wäre. Das gefällt mir gar nicht. Da lobe ich mir Andreas, der uns zumindest testen würde, bevor es losgeht.

Mittlerweile gibt es viele Studien zur Verbreitung der Seuche. Die Partnervermittlungen im Internet kommen darin nicht vor. Offensichtlich wird dort ungehemmt weitergevögelt und das Virus findet beste Vermehrungsmöglichkeiten.

111

Wenn ich Königin wäre, würde ich das verbieten. Vielleicht auch Heidis Show. Wer weiß, wie viele junge Frauen durch »GNTM« eine veritable Essstörung davongetragen haben. Aber auch ohne Corona sind diese Formate und Plattformen menschenverachtend.

Ein paar Tage nach meinem Versuch bin ich froh, dass ich von den Dating-Apps wieder losgekommen bin. Nach diesem Wischen, nach links und rechts, könnte ich süchtig werden. Mein Gehirn ist voll darauf eingestiegen, ganze Individuen in Sekundenbruchteilen nach ihren Äußerlichkeiten zu beurteilen. Vielleicht war der Serienmörder gar keiner, und der andere, der so gefährlich nach Keller aussah, lagert dort nur seine Kartoffeln. Ich werde es wohl nie herausfinden. Ich will kein Wisch-Monster mehr sein, weg mit diesen Apps!

Nach ein paar Tagen fehlender Präsenz meldet sich eine der Partnervermittlungen auf meinem Sperrbildschirm: »Raus aus der Komfortzone und verliebe dich!«, fordert sie mich unmissverständlich auf. Als wäre das mit der Liebe eine furchtbar anstrengende Sportart, nach deren Ausübung man sich besser fühlt. Das ist der Punkt, an dem ich endgültig aussteige aus dem Druckgefüge der Selbstoptimierung, das sich offensichtlich auch in der Partnerwahl ausgewachsen hat. Da mache ich nicht mehr mit. Das ist mir zu aufreibend. Eine Gelassenheit, wie sie nur bei Menschen mit genügend Erfahrung auftaucht, durchströmt mich.

Szenen einer unausweichlichen Annäherung
15

Lemmy ist wieder da. Wo er war, bleibt sein Geheimnis. Immer, wenn ich ihn darauf anspreche, sagt er nur: »Ich kenne auch noch andere Menschen!« Ich habe es aufgegeben, ihn zu löchern. Dafür hat er jetzt ein schlechtes Gewissen: Lemmy bringt mir Frühstück ans Bett. Frisch gepresster Orangensaft, Baguette-Brötchen mit Rosmarinschinken und ein Ei. »You're lookin' younger than ever!«, lallt er gekonnt wie Freddy Frinton in »Dinner for One«.

Ich bin immer noch sehr misstrauisch und auch ein bisschen sauer, dass er mich so lange allein gelassen hat. Doch die kleine Aufmerksamkeit stimmt mich ein wenig milde.

»Zeigst du mir deine Plattensammlung?«, fragt Lemmy geradezu kokett. Er gibt sich wirklich Mühe.

»Nee, keinen Bock!« Ich drehe mich weg. Es gluckst neben mir. Lemmy schaut mich wissend an. In seinen Augen spiegelt sich der Spott, dann rückt er mit dem raus, was er nicht mehr zurückhalten kann: »Hast mich wohl vermisst?!« »Lass mich!«, fauche ich zurück. Er lässt mich tatsächlich in Ruhe und es stellt sich sehr schnell wieder das Gefühl ein, diesem Typen und seinen Launen ausgeliefert zu sein. Ich weiß nicht, ob ich das auf Dauer aushalte, diesen Kerl und seine permanenten Provokationen tagtäglich um mich zu haben.

Ich mache Musik an, das hat mich schon immer beruhigt.

Die Spotify-Demenz

Mit dem Schrubber fahre ich die breiten Keyboard-Sounds nach, der Feudel schwebt fast gerade eben über dem Boden, dazu wippe ich mit dem Fuß und singe laut mit Elif »Ich gehör nur mir!«.

Putzen geht nur mit Musik, sie muss dabei durch die ganze Bude dröhnen. Ich werde zu Pippi Langstrumpf, die auf Bürstenschuhen den Holzboden ihrer Villa Kunterbunt wienert. Ist dann alles nicht so schlimm.

Doch, ich wringe gerade mit meinen Händen, die in Putzhandschuhen stecken, den Feudel aus, da plärrt plötzlich ein fürchterliches Stück aus meiner heiligen Stereoanlage: Silbermond. Igitt! Das hatte ich nicht bestellt. Verzweifelt versuche ich das Gummi von meinen feuchten Händen zu pellen, um sie schnell abzutrocknen, damit ich mein Handy entsperren kann. Es geht um jede Millisekunde, die meine Ohren mit diesem Gedudel verschmutzt. Ich stolpere über den Putzeimer, das graue Wasser ergießt sich auf den Dielen.

Egal – ich muss weiter und stürze zum Küchenhandtuch. Mit einem Hechtsprung lande ich vor dem Smartphone, das an meinem Verstärker hängt, drücke verzweifelt mit meinem Zeigefinger auf dem Home-Button rum, doch er will meine verschrumpelte Fingerkuppe einfach nicht wiedererkennen. Spotify dudelt einfach weiter. Ein minderbemittelter Algorithmus spielt ein sogenanntes Mixtape ab.

Wissen die überhaupt, was das ist? Welche Mühe und Hingabe es damals (im Krieg) erforderte, um an eine wertvolle, liebevoll komponierte Compilation zu kommen? Ich kann mich noch gut daran erinnern, wie ich mit dem Kassettenrekorder vor dem Radio saß, mit viel Fingergefühl BFBS, den britischen Militärsender, eingetunt hatte, und sie endlich, nach langem Warten, Joy Division spielten. Im richtigen Moment gleichzeitig »Record« und »Play« zu drücken, war eine große Kunst. Meist waren noch die letzten oder ersten Wortbrocken des Moderators auf dem Magnetband zu hören. Das dazugehörige Rauschen war die Untermalung für den Klang einer besseren Welt, ein Universum mit Musikgeschmack.

Lange habe ich mich gewehrt gegen einen Streamingdienst. Es war nicht nur die Angst vor albernen Algorithmen, die nicht davor zögern, auch Helene Fischer zu spielen. Ich hatte vor allem die Sorge, dass ich Bandnamen und Titel vergesse. Mit einem Wisch ist alles weg, wie bei den Partnersuche-Apps!

116

Noch verstehe ich nicht, ob ich mich manchmal so schlecht erinnern kann, weil ich älter werde, oder das Memorieren von Songtiteln einfach besser funktioniert, wenn ich dazu eine Schallplatte mit einem künstlerisch gestalteten Cover in der Hand habe.

Es ist wissenschaftlich erwiesen, dass man Erinnerungen besonders gut behält, wenn damit starke Emotionen einhergehen. Danach müsste ich mir den mediokren Song von Silbermond besser merken können als den von Elif. Allerdings kann ich Silbermond jetzt noch weniger leiden, weil es nun durch den Ärger über das verschüttete Schmutzwasser mit einer starken Emotion verknüpft ist.

Manchmal sehne ich mich zurück nach einer Zeit, in der nicht alles sofort verfügbar war. Wir trafen uns damals bei den Leuten, die über die besten Stereoanlagen verfügten. Wir versammelten uns vor meterhohen Boxen, Verstärkern mit schwindelerregenden Wattzahlen und Plattenspielern, die wie Kunstobjekte aussahen.

»Der Alte«, wie wir ihn nannten, hatte seine Stereoanlage feierlich aufgebahrt wie auf einem Altar. Der damals 30-Jährige (uralt!) zog dann eine seltene Import-Scheibe aus dem Regal. Für alle, die noch keine eigene Stereoanlage besaßen, erklärte er dann, wie man das Vinyl behandelt. Niemals auf die Rillen fassen, Finger sind fettig! Bis heute hat sich das bei mir so eingebrannt, dass ich schreien möchte, wenn jemand mit seiner Pranke das heilige Vinyl begrapscht.

Wenn der Alte dann selig und sehr langsam den Tonarm herunterließ, das Knistern durch die Boxen krabbelte und die ersten Töne auf uns niederkamen, war das eine Offenbarung. Wie die Jünger saßen wir um unseren Messias herum und starrten ehrfürchtig auf das Plattencover: »PIL« stand darauf in großen Lettern, es war eine 12" von »This Is Not A Love Song«. Diese Maxi-Vinyl-Singles waren so groß wie ein Album, aber auf jeder Seite war in der Regel nur ein Stück. Das dauerte manchmal zwölf Minuten und war besonders in den 80ern für Remixe sehr beliebt. Man konnte mit den 12"-Platten echt angeben, wiesen sie ihren Besitzer doch als besonderen Kenner aus.

Erst, wenn der letzte Ton verklungen war und der »Alte« die Scheibe dann in Zeitlupe zurück in die antistatisch gefütterte Innenhülle befördert hatte, war es erlaubt zu sprechen. Wir fachsimpelten dann darüber, ob John Lydon (ehemals Sex Pistols) den Punk nicht verraten hatte mit seinem Projekt Public Image Ltd. (PIL).

Das erscheint mir heute, nach der kompletten Globalisierung des Musikgeschäfts und Komprimierung der Songs in Dateien lächerlich. Doch das PIL-Cover und die einschneidende Stimme von John Lydon, vormals Johnny Rotten, werde ich nie vergessen.

Mit Elif wird mir das wohl nicht passieren. Ich kenne sie nur aus dem Stream. Ich bin schon seit der Ära der CDs mit meinem Gedächtnis hinterher. Manchmal höre ich einen Song, weiß, dass ich ihn kenne, muss dann aber eine Musikerkennungs-App für die Recherche bemühen. Das wäre mir früher nie passiert, da lernten wir die Credits auf den Platten auswendig, wussten, wer die Songschreiber und Produzenten waren. Als die Schriften auf den CD-Inlets schrumpften und für Altersichtige unlesbar wurden, stieg ich aus.

Meine Schallplatten – es sind Hunderte – bewahre ich im trockenen Keller auf, der Antriebsriemen meines Plattenspielers hat sich leider verabschiedet.

Ich hatte das große Glück, Ende der 80er bei MTV arbeiten zu dürfen und wurde von den Plattenfirmen bemustert. Was noch besser war: Die Götter meiner Jugend stiegen plötzlich zu mir herab. Sie standen direkt vor unserer Kamera, leibhaftig! Einer von ihnen war Roger Waters von Pink Floyd. Mein Kamerateam und ich trafen ihn an der Berliner Mauer. Er trug eine überdimensionale, verspiegelte Ray Ban.

Ich war sehr aufgeregt, es war eins meiner ersten Interviews, das ich als Jungjournalistin machte. Ich studierte zudem Anglistik und wollte in lupenreinem British English meine Fragen vortragen. »Doch Roger Waters (Gott) spricht Oxford English, der lacht sich bestimmt kaputt bei meinen lächerlichen Versuchen, einen glottal stop zu imitieren«, so dachte ich, als er sich vor mir aufbaute.

In meinem Kopf rasten die Gedanken: »O Gott, Gott steht vor mir. Ich spiegele mich in seiner himmlischen

Brille! Ich weiß genau, bei welcher Rille du auf der zweiten LP, A-Seite, oh, das Album heißt »Ummagumma!«, in dem Song »Grantchester Meadows« angefangen hast zu singen!« Mein Herz pochte bei dem Gedanken laut –, ob er es gehört hat? Meine Kehle wurde trocken, und der Hals schnürte sich zu – wie war noch Frage eins? Ich hatte doch alle extra auswendig gelernt. Ich weiß nicht mehr, was ich da gestammelt habe, Gott sprach anschließend das, was er auswendig gelernt hatte.

Es stellte sich heraus, dass dieser Gott mächtig arrogant war und sich auch gar nicht darum scherte, was ich von ihm wissen wollte. Er verkaufte seine Rock-Oper »The Wall« an der Mauer, und ich war nur ein komisches deutsches Nervenbündel, das ihm dabei half. Er hätte vermutlich auch einer Plastiktüte geantwortet.

Die religiöse Ehrfurcht vor Musik-Legenden ist mir allerdings abhandengekommen. Und so habe ich mich, auch wegen der Podcasts, die ich gern höre, auf einen Streamingdienst eingelassen. Ich schreibe mir jetzt konsequent die Musiktitel, die mir gefallen, in den Notizen meines iPhones auf. Das hilft gegen die Spotify-Demenz.

Neulich wollte ich mal wieder Johnny »Rotten« Lydon singen hören und suchte nach »PIL« in der Spotify-App. Noch vor der Band tauchte eine Playlist mit dem Namen »Pilates Lounge« auf. Die Songs darin sind in ihrer Bedeutungslosigkeit kaum zu übertreffen.

Daraufhin habe ich selbst angefangen zu singen und »Always Look on the Bright Side of Life« umgedichtet:

»If life is JOHNNY ROTTEN there's something you've forgotten and that's to dance and laugh and sing …«

Szenen einer unausweichlichen Annäherung
16

Es ist Herbst geworden. Lemmy hängt immer noch bei mir ab. Wo soll er auch hin? Ich habe es nicht übers Herz gebracht, ihn wegzuschicken. Mitunter ist es auch sehr unterhaltsam mit ihm. Er kann einfach wahnsinnig gut singen, und immer, wenn ich total genervt von ihm bin, setzt er diese Waffe ein.

Bei den Spieleabenden nervt er richtig. Ich habe ihn dazu gebracht, aus dem Digitalen ins Analoge zu wechseln. Wir spielen jetzt regelmäßig Dame, Monopoly und UNO – letzte Karte. Die hat meist er und dazu auch das letzte Wort: Triumphierend reizt mein ständiger Begleiter den Gewinn aus. Ich vermute schon länger, dass er entweder schummelt oder telepathische Fähigkeiten hat. Seltsamerweise schlägt er mich auch bei Vier gewinnt, obwohl man da eigentlich nicht mit Schummeln durchkommt. Vorausdenken, das muss man wohl können, aber diese Gabe scheint mir nicht gegeben. Ich bin im Leben immer auf Sicht gefahren. Deswegen ist es wahrscheinlich auch so leicht, mich zu besiegen.

»Vier gewinnt!«, brüllt Lemmy mal wieder und schüttet sich aus vor Lachen. »Du machst immer wieder den gleichen Fehler, überleg doch mal! Schau richtig hin! So wirst du nie das Rennen machen!« Es reicht mir. Genug für heute. Stumm setze ich mich vor die Glotze.

Joggin' Joe – Hooya!

Es wird früh dunkel zu dieser Jahreszeit. Deswegen widme ich mich im Moment einer anderen Zeitzone und mache die Nacht zum Tag. In meinem Wohnzimmer, auf meinem blauen Sofa, feiere ich gerade amerikanische Wochen.

Ganz oben auf der Liste der Lieblingsmomente:

Joe Biden, seines Sieges bei den US-Präsidentschaftswahlen sicher, JOGGT zum Rednerpult. Auch wenn ich kurzzeitig dachte, er bricht gleich auseinander, hach, diese Feingliedrigkeit, ich war beeindruckt: Ziemlich ausgeschlafen, dieser Joe, er wird der älteste Präsident, den die USA je hatten!

Joe Biden feiert in dieser Woche seinen 78. Geburtstag.

Die Welt zelebriert das Team Biden/Harris auf den Straßen. Die Menschen tanzen in Washington, auf dem Times Square in New York, und in Paris läuten die Glocken.

Auch ich hüpfe auf meinem blauen Sofa leicht auf

und ab und bin zu Tränen gerührt, weil dieser alte Mann auch mir Hoffnung gibt. Der President-elect macht auch mich jünger, ich kann es spüren. Plötzlich ist alles wieder möglich. Ich kann doch noch die älteste Frau werden, die um die Welt segelt. Und ich dachte, dass mein Sportküstenschifferschein, den ich mit vierzig machte, im Alter völlig nutzlos ist.

Es ergeben sich ungeahnte Möglichkeiten. Man darf wieder alt sein, auch, wenn man mal die Ehefrau mit der Schwester verwechselt oder anfängt zu faseln – alles nicht so schlimm.

Man darf auch stottern, bloß Golfen, das geht gar nicht mehr: Lame-Duck-Sport. Das machen nur untrainierte 74-Jährige, die zu viele Cheeseburger in sich hineinstopfen, übergewichtig sind und bald abdanken oder vom Secret Service aus dem Weißen Haus getragen werden müssen.

Die zweite US-amerikanische Errungenschaft in meinem Wohnzimmer ist ein Buch. Eine Freundin hat es mir empfohlen. Ich bin damit in eine 90-Tage-Challenge eingetreten und besiege tagtäglich meinen inneren Schweinehund mit meinem eigenen Körpergewicht.

»Fit ohne Geräte« ist von dem US-Army-Ausbilder Mark Lauren, ein beeindruckend durchtrainierter Special-Operations-Coach. Er hat den Schlachtruf der Navy Seals in mein Wohnzimmer gebeamt: »Hooya!« Ich brülle mich damit seit 21 Tagen selbst an. Übersetzt bedeutet es ungefähr: »Gib mir mehr!« Es ist nur gut, dass der Coach und der Rest der Welt mich nicht sehen können, wie ich so unter meinem eigenen »Bodyweight« ächze und nach mehr schreie. Das glaube ich mir manchmal selbst nicht, aber das Gehirn kann schlecht zwischen Wahrheit und Lüge unterscheiden, wenn man die Parole ständig wiederholt.

Zwischen den Übungen, die lange Namen haben wie »Bodyrocks mit Arm nach hinten«, »Hüftheben mit Liegestütz« oder die fiesen »Prisoner Squats«, stöhne ich ziemlich laut und hechele wie ein alter Straßenköter in der Mittagssonne von Mallorca. Beim »Tischziehen mit gebeugten Beinen« – bei mir sind es kläglich angedeutete Klimmzüge am Küchentisch – bin ich neulich einfach abgerutscht und auf dem Rücken gelandet wie ein Käfer, der sich aus dieser Position kaum selbst befreien kann. Ganz schön viele Spinnweben unter so einem Küchentisch. Egal – ich schreie weiter: »Hooya!«

In diesem Buch steht nämlich, dass ich damit den Grundstein für ein gesundes, langes Leben lege. Wie alt man ist, spiele dabei überhaupt keine Rolle. Meine Knochen sehen das irgendwie anders, aber mein Kopf regiert meinen Körper, hooya!

Kamala Harris wurde in den letzten Wochen zu meinem Trainigsbooster. Die Bilder, sie beim Joggen, wie sie die Siegesnachricht am Telefon mit »Joe« austauscht, haben sich mir eingebrannt.

Vice President-elect Harris wird nicht nur die erste Frau im Amt als Vizepräsidentin der Vereinigten Staaten sein, sie wird mit ihrem Geburtsjahr 1964 auch als »jung« verkauft. Das bedeutet, auch ich bin jung, alle, die dieses Buch lesen und wissen, wie weh ein Liegestütz tun kann, sind jung!

Im Vergleich zu Joe Biden.

Und Erfahrung ist offensichtlich plötzlich wieder was wert in dieser Welt. Jogging Joes Sieg ist auch einer über den Jugendwahn. Schluss mit der Altersdiskriminierung!

Doch wie muss es nur sein, wenn man zum ersten Mal von jemandem regiert wird, der jünger ist als man selbst? Das wird früher oder später auch mir passieren.

Hoffentlich ist es nicht wie in meiner Erinnerung beim Arzt. Ich hatte mal einen fantastischen Augen-Doktor, der, ohne es mir zu sagen, in Rente ging. Beim nächsten Termin saß ich einer nassforschen Mittdreißigerin gegenüber, die mir irgendwas vom grauen Star erzählte, was ich definitiv nicht hören wollte. Seitdem war ich nicht mehr beim Augenarzt.

Aber seine Regierung kann man sich nur bedingt aussuchen, nicht mehr hingehen ist jedenfalls keine Option. Annalena Baerbock könnte, zumindest rein rechnerisch, meine Tochter sein. Würde ich mir von ihr was sagen lassen? Und wie muss es erst den Österreichern mit dem »Kinderkanzler« Kurz gehen, der rigide nach unten durchregiert?

Ich lache mich manchmal kaputt, wenn mein erwachsener Sohn mich ins Bett schickt, gehorche dann aber, weil er meistens richtigliegt.

Aber von Sebastian Kurz, der erst mit der FPÖ in der Koalitionskiste war und dann mit den Grünen eine Liaison einging, würde ich mir vermutlich nichts sagen lassen.

Ganz anders bei Emmanuel Macron, Jahrgang 1977. Aber der französische Präsident ist ja auch mit einer 25 Jahre älteren Frau verheiratet. Er hat den Ältestenrat im Bett.

Szenen einer unausweichlichen Annäherung
17

Ich habe Lemmy mit zum Hausarzt geschleppt. Er jammert in letzter Zeit viel. Er hat Rücken und rennt andauernd aufs Klo. Die Prostata ...

»Name?«, fragt die Arzthelferin kurz angebunden. »Alter«, gebe ich zurück. »Ja, davon haben wir hier genug«, gibt die Frau hinterm Tresen lachend zurück. Sie beachtet Lemmy gar nicht. Liegt das an seinem Haar, das ihm im Gesicht hängt? Er hat heute Morgen offensichtlich vergessen, es nach hinten zu kämmen. Oder riecht er wieder streng, und mir fällt das einfach nicht mehr auf, weil ich mich daran gewöhnt habe?

»Was kann ich für Sie tun, Frau Pohl?«, will die Ärztin wissen.

»Wir fühlen uns in letzter Zeit unwohl, vielleicht sollte man doch mal eine Blutuntersuchung machen?« »Wir? Pluralis Majestatis? Oder sind Sie jetzt zu zweit?« Die Augen der Ärztin verengen sich. Abschätzig scannt sie mich mit ihren Sehschlitzen von unten nach oben ab. »Das ist mein neuer Begleiter. Er heißt ›Alter‹«, erkläre ich.

»Verstehe, was macht er denn mit Ihnen, dieser neue Begleiter?«, versucht sie zu ergründen. »Na ja, wir nehmen auf unerklärliche Weise zu, beim Aufwachen tut alles weh, und wir schlafen schlecht bis gar nicht.« »Ich glaube, das ist keine Krankheit, Frau Pohl, aber wir werden Ihr Blut untersuchen. Man weiß ja nie. Wir sehen uns nächste Woche wieder«, sagt sie und verlässt mit einer auffordernden Geste den Behandlungsraum. Mit Lemmy hat sie nicht ein Wort gewechselt. Dabei sieht er heute viel schlimmer aus als ich. Wie ein Häufchen Elend erhebt er sich aus dem Stuhl. Während er hinter mir herschlurft, kommentiert er die Stippvisite: »Ganz schön jung, deine Hausärztin, und irgendwie ganz schön blind!«

Innere Faltenfreiheit

Es ist schon lange her, es war kurz nach meinem ersten Bandscheibenvorfall. Mein Sohn war noch jung, und wir beide beschlossen, eine Kreuzfahrt zu buchen. Um es kurz zu machen: Leon fand es super, ich fand es zum Kotzen. Nach einer Woche mit Menschen, die sich am Buffet wie im Schweinestall aufführten und morgens mit einem Handtuch ihren Liegeplatz markierten wie ein Hund sein Revier, war ich ziemlich genervt.

Der Rückflug war viel spannender als die ganze Woche auf dem Dampfer. Wir lernten einen Hypnotiseur kennen, der meinen skeptischen Sohn in Trance versetzte. Er war ohnehin immer ein sehr fröhliches Kind, aber nach der Session im Flugzeug war er 24 Stunden lang im Happiness-Overdrive. Wie ein Flummi sprang Leon durch die Welt, und nichts trübte seine Stimmung. Also begann ich zu recherchieren und fand heraus, dass Hypnose kein Hokuspokus ist, wie ich immer geglaubt hatte.

Daraus ist dann ein Film für die SPIEGEL TV-Reportage entstanden, in dem ich auch den Einsatz von Hypnose in der Humanmedizin beleuchtet habe. Es war quasi der Beweis, dass Hypnose funktioniert.

Es sind Szenen, die sich nachhaltig in meinem Gehirn eingebrannt haben: Es ist kalt im OP-Saal der Uniklinik in Lüttich. Hier operieren Mediziner mithilfe der Hypnotherapie. Hypnose statt Vollnarkose.

Auf dem OP-Tisch liegt Francisca Diaz y Fernandez, eine spanische Tänzerin, 71 Jahre alt. Man sieht ihr das definitiv nicht an. Francisca schaut aus, als hätte sie in jungen Jahren ziemlich vielen Männern den Kopf verdreht. Sie muss wunderschön gewesen sein, ihr graziler Körper ist immer noch in Form.

Sie will sich liften lassen, keine Ahnung, warum. Dazu wird ihr Gesicht lokal betäubt und sie bekommt ein leichtes Beruhigungsmittel. Francisca verzichtet auf eine Vollnarkose bei der Operation, sie wird lediglich hypnotisiert.

Die Anästhesistin hält ihre Hand, erzählt etwas von einem »wunderschönen Strand« und »dem Rauschen der Wellen«. Die Patientin soll die Hand der Ärztin drücken, wenn irgendetwas wehtut während des Face-liftings.

Lifting, das klingt so harmlos, als würde irgendetwas kurz nach oben befördert, aber die Wahrheit sieht anders aus: Der Operateur trennt einmal komplett Franciscas Gesichtshaut ab, dann schabt er das darunter überflüssige Gewebe weg, die Lider über den Augen schneidet er auf, vernäht sie faltenfrei und dann tackert er die Gesichtshaut wieder an. Ja, mit einem Tacker! Wer jemals einen Dachboden isoliert hat, weiß, wie das klingt.

Der Kameramann, der auch schon im Krieg war, amüsiert sich köstlich und fordert mich auf, doch näher zu treten, Close-up bei Frankenstein. Mir wird ein wenig schwummerig, ach, könnte ich nur der Patientin folgen ...

Francisca, die Tänzerin, schwebt an einem Strand umher, das glaubt sie zumindest. Die Anästhesistin kann das mit dem Hypnotisieren echt gut. Sie hat das sogar schon mit der belgischen Königin gemacht bei einer Nasen-OP.

Die Patienten bluten unter der Hypnose weniger, ein Nebeneffekt durch den runtergefahrenen, niedrigen Blutdruck, sehr nützlich für die Chirurgen, dann spritzt das Blut nicht so aus den Gefäßen.

Außerdem kann für ältere Menschen eine Vollnarkose durchaus gefährlich werden. Dank der Hypnose geht es dieser Patientin sehr schnell wieder sehr gut.

Eine halbe Stunde nach dem Gemetzel sitzt Francisca mit ihrem frisch getackerten Gesicht quickfidel in ihrem Krankenbett und löffelt ein Süppchen in die Mundöffnung. Der kleine Hunger nach der OP, sie hatte plötzlich Appetit, als sie wieder zu sich kam. Die Tänzerin kann sich wegen der Hypnose kaum an die OP erinnern und glaubt tatsächlich, sie war »en el paraíso«, im Paradies am Strand. Es gehe ihr prächtig, behauptet sie.

Ich frage, warum sie diese OP unbedingt wollte. In ihren Kreisen gehöre es dazu, so sagt sie, möglichst faltenfrei durch das Alter zu tänzeln. Sie habe Angst davor, dass jemand bemerken könnte, dass sie schon die 70 geknackt hat.

Wer schön sein will, muss leiden? Ich überlege schon lange, wie man das anders hinbekommt, gut aussehen ohne sich einem schmerzhaften Eingriff unterziehen zu müssen. Ich musste mir einmal die gebrochene Nase richten lassen, nachdem ich mir den Zinken in einer zu hohen Welle an der französischen Atlantikküste gebrochen hatte. Das tut höllisch weh.

Der Mensch fühlt nämlich am meisten – richtig, im Gesicht. Nie im Leben würde ich mich freiwillig wieder unters Messer legen, egal wie alt ich aussehe. Vielleicht gibt es einen anderen Weg?

Und da feuert mein Gehirn durch die frühe Prägung der Werbung einen Slogan ab – Achtung: #Boomercringe – fremdschämen für meine Erinnerung, jetzt: Tatatataaaa! »Merz Spezial Dragees – Natürliche Schönheit kommt von innen.«

Dieses Zeug will ich jetzt auch nicht unbedingt futtern, aber der Gedanke, dass ich von innen her mehr strahlen könnte, gefällt mir besser als die Vorstellung eines Skalpells, das in meinem Gesicht herumfuhrwerkt. Doch wie schaffe ich es, mein in Falten gelegtes Gesicht zu verjüngen? Vielleicht durch eine Art innerer Faltenfreiheit?

Damals, als ich den Film machte, habe ich mich aus Recherchegründen auch hypnotisieren lassen, rein professionelles Interesse! Ich habe es tatsächlich geschafft, in Trance zu fallen, und da war ich, Achtung: ein Kolibri. Vollkommen faltenfrei, fliegend.

Es ist tatsächlich faszinierend, wie das menschliche Gehirn gestrickt ist. Jede Erinnerung, auch starke Traumata, lassen sich überschreiben wie auf einer Festplatte.

Doch die Falten, die auf der Seele lasten, sehen oft eher wie Narben aus. In unserem Alter hat man mindestens 500 Arschlöcher kennengelernt, innerlich sehe ich also eher aus wie Jürgen Prochnow, ohne Bart.

Als junger Mensch hat man es definitiv leichter, an das Gute zu glauben. Es gilt daher, diese Arglosigkeit aus dem Gedächtnis zu holen und sie wie den Goldvorrat von Fort Knox zu sichern. Also lautet das neue Motto: Wir grinsen uns innerlich glatt!

Jeden Morgen Selbsthypnose, man nehme sich einen Lieblingssong als Trigger und murmele mantraartig vor sich hin: »Tief in meinem Inneren bin ich faltenfrei!« So, wie ich mir so manchen Mann schöngetrunken habe, sehe ich nach 500 Wiederholungen dieser Übung eine jüngere Version von mir im Spiegel, erstaunlich!

Ob das wirklich so ist, kann ich ja Leute fragen, die ich lange nicht gesehen habe. Beim nächsten Klassentreffen vielleicht, wenn ich den alten Leuten wieder begegne, mit denen ich vor sehr langer Zeit Abitur gemacht habe. Ich betrachte die fünf Jahre Pause zwischen den Treffen als Studienzeitraum, es ist ein Experiment an mir selbst, ich bin meine eigene Probandin.

Beim nächsten Wiedersehen im Rathauskeller meiner Heimat-Kleinstadt mache ich einfach eine Umfrage: »Wirke ich irgendwie jünger, habe ich weniger Falten?« (Immer geschlossene suggestive Fragen stellen und dabei wie ein Hund gucken, der lange nichts gefressen hat!)

Szenen einer unausweichlichen Annäherung
18

Ich werde wach. Es ist dunkel und ungewöhnlich still im Schlafzimmer. »Na, kannst du auch nicht schlafen?«, will Lemmy wissen. »Nee, ich muss an so viele Dinge denken. Die Arbeit, der Stress, du weißt schon.« »Vielleicht schläfst du deswegen so schlecht, weil du dir so viele Sorgen machst. Wenn man sich keine Sorgen macht, ist es auch nicht so schlimm!«, überlegt Lemmy pragmatisch. »Ach, nee, weißt du vielleicht, wie man das anstellt? Gibt es einen Ausschalter, mit dem man das abstellen kann? Vielleicht hat das auch mit dem Älterwerden zu tun?«, frage ich in die Nacht hinein. Ich kann Lemmy fast nicken hören.

Der Mond ist ein wenig um die Ecke gebogen und beleuchtet Lemmy jetzt schwach aus fast 400 000 Kilometern Entfernung. Er sieht geheimnisvoll aus und – hat irgendwas in der Hand, die er unter der Bettdecke versteckt. »Was machst du da?«, will ich wissen. Jetzt kann ich es sehen: Lemmy hat sich mein iPad gemopst. »Äh, ich bin bei Youtube«, sagt er vorsichtig. »Aha, und was machst du da?«, führe ich unser Spielchen fort. »(Räusper) Da spielt jemand die letzte Begegnung von Bayern München gegen Real Madrid nach.« Deswegen hat er also in letzter Zeit diese tiefdunklen Ringe unter den Augen. »Vielleicht schlafe ich auch schlecht, weil jemand neben mir mit dem iPad jemand anderem dabei zuschaut, wie er FIFA spielt. Was für ein Schwachsinn!« Mein Puls schnellt auf 120 Beats per Minute hoch. Lemmy nimmt meine Hand, lächelt und singt La-Le-Lu für mich. Er hat den Ausschalter bei mir gefunden. Ich schlafe sofort ein.

Präsenile Bettflucht

Mein Fernsehkonsum hat sich maßlos gesteigert, ich hänge wie ein Junkie vor CNN. Donald Trump hat die Wahlen verloren und versucht mit allen Mitteln dagegen anzulügen. Die wackeligen Machtverhältnisse in den USA haben mein Privatleben erreicht. Ich bin sehr beunruhigt.

Zudem schaue ich auf meinem blauen Sofa, das wirklich gut zur Studioausstattung von CNN passt, viele Serien, die im Weißen Haus spielen. Ich kenne mich da inzwischen so gut aus, dass ich mich sofort zurechtfinden würde, den unwahrscheinlichen Fall einer Begehung im echten Leben vorausgesetzt.

Spätestens seit »House of Cards« weiß ich auch, wo sich die private Küche der Präsidentenfamilie befindet. Alles zusammen beschäftigt mich sehr.

Das Weiße Haus, die USA und Corona rauben mir im Moment sogar den Schlaf.

Nächtelang liege ich oft wach und überlege, wie man die Welt retten könnte. Mein Gedankenkarussell fährt Achterbahn, die Holzvariante im Heidepark, bei der man einen Moment lang kurz nach der Schussfahrt schwebt wie im All.

Vielleicht ist es aber auch das Alter? Viele alte Leute schlafen schlecht und brauchen auch weniger Schlaf. Sie stehen früh auf und gehen früh zu Bett. Das mache ich auch, weil ich denke, dass ich dann früher einschlafe, aber leider wacht man dann auch früher auf, obwohl man später eingeschlafen ist. Logisch, oder?

Die Diagnose: präsenile Bettflucht. Vielleicht hat mich dieses Altersleiden schon früher als üblich ereilt. Wobei das Wort »Flucht« die Notlage nicht besonders präzise beschreibt, denn ich liege unheimlich gern im Bett. Noch lieber würde ich darin schlafen, aber Donald Trump und die desolate Weltlage halten mich davon ab.

Wenn es mir doch gelingt in den frühen Morgenstunden wegzudämmern, dann schleicht das Böse sich langsam in meine Träume.

Gestern Morgen bin ich schweißgebadet aufgewacht. Ich hatte gerade Donald Trump getötet, ganz langsam mit zwei Messern aus der Küche des Weißen Hauses. Ich scheine mich da richtig gut auszukennen, weiß sogar, wo die Schneidegeräte liegen. Ich fand sie in der obersten Schublade, inmitten der Küchenzeile der Underwoods aus »House of Cards« in meinem Traum. Alles war in Rot und Blau gehalten wie im Wahlstudio von CNN. Im Schlaf grübelte ich darüber, warum diese nüchterne, moderne Ausstattung überhaupt nicht zu den Trumps passt. Ich hätte ihnen eher etwas Rustikales zugetraut, vielleicht etwas in Holz-Optik.

Melania musste schon zu Bett gegangen sein. Sie schlafen bestimmt getrennt wie die Underwoods, überlegte ich in meinem Halbdämmer.

In meinem Albtraum habe ich auch zunächst nicht bemerkt, dass ich dem noch amtierenden Präsidenten der USA diese zwei glänzenden Küchenmesser langsam in den Leib geschoben hatte. Er rief plötzlich nach dem »Service«, und ich weiß noch, wie ich in meinem Nachtmahr überlegte, wie ich das verstehen muss: Ruft er jetzt nach dem Secret Service oder nach dem Butler? Ich weiß ja, dass es im Weißen Haus auch einen Chefbutler gibt.

Die Tatwaffen in seinem Körper konnte ich nicht sehen, er hatte sich von mir weggedreht. Dann sagte ich zu ihm, völlig zusammenhanglos, auf Deutsch: »Du kannst mich nicht umbringen!«, aber er verstand mich nicht. Er war ja auch dabei, zu sterben, selbst sein »deutsches Blut« konnte ihm da nicht helfen. Es tropfte auf den Boden. Donald Trump fiel einfach um. Das war sehr laut.

Von dem Beben in meinem Hirn wachte ich auf. Es dauerte einen Moment, bis ich begriff, dass ich mich in meinem Schlafzimmer, 6447 Kilometer entfernt vom Weißen Haus, befand. Schließlich hatte ich gerade den Präsidenten der Vereinigten Staaten umgebracht, in seiner Küche.

Lange habe ich überlegt, wie ich diesen Traum deuten könnte. Für Sigmund Freud war der Sinn eines jeden Traums die Wunscherfüllung. Wenn ich mich jetzt bloß auf seine Couch zur Analyse legen könnte … Doch ich kann mir nur selbst helfen mit ein wenig Küchenpsychologie, auch in Ermangelung anderer Psychoanalytiker mitten in der Nacht. So eine Analyse würde sowieso zu lange dauern. Bis dahin ist Donald Trump in Mar-a-Lago, spielt Golf und die Pandemie ist vorbei. Oder er bewirbt sich erneut um die Präsidentschaftskandidatur 2024.

Also, was hat der Präsident der Vereinigten Staaten in meinem Traum zu suchen?

Dieser Trump muss irgendwas symbolisieren … Warum dachte ich, dass er mich töten wollte? Er brachte mich regelmäßig um den Schlaf, aber nicht um.

Ich hab's: Vielleicht stellt er das arglistige Alter dar, das mich ausmerzen will, ganz langsam sterben lassen möchte? Es will mir so viel Angst machen, dass ich nicht mehr schlafe und stattdessen noch schneller altere und schließlich sterbe. Schlafentzug ist die reine Folter. Und ich habe mich nur gewehrt, weil ich wusste, dass ich sonst dran bin. Deswegen habe ich Donald Trump getötet. Es war pure Notwehr, ganz klar.

Anders ist nicht zu erklären, dass ich noch am Leben bin.

Ich bin sonst nicht gewalttätig, ich schwöre! In der Regel rette ich jede Spinne, jeden Regenwurm und alles, was so kreucht und fleucht und sich verirrt hat.

Auch kann ich mich nicht erinnern, jemals im Traum einen Menschen umgebracht zu haben.

Ich muss wegen der angespannten Weltlage sehr nervös sein, vermute ich. Deswegen schlafe ich wohl so schlecht ein, es ist noch keine Bettflucht, wie die Panik es mir einflüsterte. Der Schlafentzug muss meine Werte und Normen, die ich sonst auch im Schlaf vertrete, außer Kraft gesetzt haben.

Doch es war mir eine Lehre: Den Satz »Noch nicht einmal im Traum würde ich das tun« sage ich ab sofort nie wieder.

Szenen einer unausweichlichen Annäherung
19

Lemmy und ich sind verreist. Es ist unser erster gemeinsamer Urlaub. Wir haben einen Tauchkurs in Ägypten gebucht. Der Tauchlehrer gibt sich besonders viel Mühe, uns beizubringen, wie wir uns unter Wasser miteinander verständigen können. »Man kann zwar in den Atemautomaten kotzen, die Dinger halten das aus, aber sprechen werdet ihr da unten nicht können. Wenn ihr den Mund aufmacht, kommt da Wasser rein. Deswegen müsst ihr vor allem dieses Zeichen lernen, das will ich da unten von euch sehen«, erklärt der Tauchlehrer und formt mit Daumen und Zeigefinger ein ›O‹. »Das heißt ›okay‹, und es ist meine Lieblingsgebärde.«

Getaucht wird in sogenannten Buddy-Teams, man übt vorher eine ganze Reihe von Gebärde-Notsignalen, die Leben retten können. Nach einer Woche Lehrgang wirft uns ein sehr aufgeregter Guide am Ras Mohammed in die wilde Strömung. Wir landen bei einem Metallpflock, der hier in den 1970er Jahren, angeblich in Erinnerung an einen verschollenen Taucher, in den Sand getrieben wurde.

Das macht Mut. Über uns zieht ein Barrakuda-Schwarm vorbei. Dann entdecke ich Anemonenfische und bin total verzückt. Als ich mich umdrehe, ist Lemmy verschwunden. Ich strampele in die Richtung, in die uns der Guide geschickt hat. Die Strömung wird immer stärker, ich verbrauche viel Luft aus meiner Flasche. Auf dem Meeresboden liegen haufenweise Klobrillen von einem gesunkenen Frachter herum. Dann entdecke ich Lemmy. Er hängt an einer Korallenwand, in der eine Muräne ihr gefährliches Gebiss imposant zur Schau stellt. Lemmy formt vor ihr mit seiner behandschuhten Hand ein »Okay«. Die Muräne ist davon völlig unbeeindruckt. Wie ging noch mal die Gebärde für: »Achtung, giftig!«?

Der Cocktailparty-Effekt

What??? Was sagen die? Manchmal, wenn ich so beim Bingewatchen auf der Seite liege, verstehe ich nicht mehr so gut, was die Schauspieler in meinem Fernseher sagen. Ein Ohr liegt auf dem Sofakissen und wird davon komplett abgedeckt. Die verbliebene offene Hörmuschel kann dann manchmal nicht mehr der Konversation folgen. Das passiert vor allem bei schlechten Tonmischungen, wenn die Musik zum Beispiel im Verhältnis zum Dialog mehr dröhnt. Oder die Atmo, also die Nebengeräusche wie Straßenlärm oder Meeresrauschen, lauter sind als die Konversation der Protagonisten. Dabei habe ich schon vor Jahren den Fernseher an meine Stereoanlage geklemmt.

Als die Flatscreens die Röhrenfernseher verdrängten, fehlte den flachen Glotzen der Resonanzraum. Während sich optisch mit der HD-Entwicklung ganz neue Welten auftaten, verschlechterte sich der Sound massiv. Die Schallereignisse aus den neuen Flach-Fernsehern klangen plötzlich wie aus der Dose.

Deswegen lausche ich seitdem nur noch über die Stereoanlage. Aber ich beobachte mich dabei, wie ich zunehmend den Volume-Regler nach rechts drehe. Ich fantasiere schon und sehe mich als schwerhörige Oma, die Besuch bekommt und es nicht merkt, weil der Fernseher, auf dem seit Stunden »The Crown« in der 18. Wiederholung läuft, mit 98 Dezibel die Bude beschallt.

Doch ich traue mich nicht, ein Fachgeschäft oder gar einen Hals-Nasen-OHREN-Arzt für einen Hörtest aufzusuchen. Denn ich habe in meiner Jugend gesündigt. Meine erste Stereoanlage hatte ich mit zwölf. Der Rest der Familie teilte leider meinen Musikgeschmack nicht. Und so kam es zu einem Krieg der Lieder. Während ich auf meinem Plattenspieler meine erste Pink-Floyd-Scheibe immer und immer wieder abspielte, plärrten aus dem Wohnzimmer die Schlagersänger der 1970er. Auf dem Flur battleten sich dann David Gilmour mit Marianne Rosenberg und Roger Waters mit Bernd Clüver. Ich verlor die akustische Schlacht und kaufte mir einen geschlossenen Kopfhörer. Damit konnte ich voll aufdrehen. Das war wohl der Beginn einer nachhaltigen und systematischen Gehörschädigung.

Mein erstes großes Konzert fand 1980 statt. In der Eissporthalle von Kassel schaute und hörte ich Bob Marley zu, der ein Jahr später starb. Ich weiß noch, wie mich die mächtigen Boxentürme beeindruckten, aus denen die Musik so laut schallte, wie ich es noch nie vorher gehört hatte. Die Bässe massierten meine Magengrube und wummerten durch die hessische Mehrzweckhalle, so dass mir die Hässlichkeit des Ortes vollkommen entging. Die Musik ging durch Mark und Bein. Ich war nur allein vom Sound so high, dass ich mich nicht mehr bekiffen musste. Anders als die Reggae-Musiker auf der Bühne, die die hässlichen Hallen wohl schon kannten und dagegen etwas hatten tun müssen. Ihre glasigen Augen und das Dauergrinsen, auch das von Bob Marley, ließen zumindest diesen Schluss zu.

Es folgten Hunderte Konzerte, mehr als tausend waren es bestimmt seitdem. Motörhead und Aerosmith waren darunter, die damals damit angaben, die lautesten Bands der Welt zu sein. Zum Schutz davor Ohrstöpsel in die Gehörgänge zu schieben, galt als feige. Zudem behindern sie den Musikgenuss und verschlumpfen ganze Frequenzbereiche, ich verweigere mich noch heute.

Als ich in meiner Studienzeit für MTV arbeitete, da war ich alle zwei Tage im Konzert, rein dienstlich natürlich. Das war der geilste Job der Welt, aber ich war dezibelmäßig quasi ständig dem Lärm einer Baustelle mit Presslufthammer ausgesetzt. Ich kann mich nicht erinnern, damals eine Unterweisung in Arbeitsschutz bekommen zu haben. Doch wenn mir jemand diese komischen Konzert-Mickey-Maus-Ohren angeboten hätte, die man Kindern zum Schutz ihres Gehörs aufsetzt, hätte ich ihm/ihr wahrscheinlich einen Vogel gezeigt.

Genausowenig habe ich die durchtanzten Techno-Nächte und Loveparades gezählt, die bestimmt auch nicht gerade zur Gesunderhaltung meines Gehörs beigetragen haben. Das rächt sich jetzt wohl.

Die Spätschäden der unzählbaren konsumierten musikalischen Schallereignisse paaren sich jetzt womöglich mit der Altersschwerhörigkeit, der Presbyakusis. Ab fünfzig nimmt die Hörfähigkeit eines Menschen ständig ab. Die feinen Sinneshaarzellen im Lauschorgan sterben ab. Von außen nach innen, zuerst sind die hohen Töne dran. Ärzte sprechen vom sogenannten Cocktailparty-Effekt, wenn man den Gesprächen bei lauten Umgebungsgeräuschen nicht mehr folgen kann.

Nun bin ich in meinem bewegten Leben leider auch kaum einer Party ferngeblieben. Man muss die Feste feiern, wie sie fallen – das Motto hat sich mir seit den 1970ern tief eingebrannt.

Ich werde das Phänomen »Cocktailparty-Effekt« bei der nächsten Party beobachten. Verstehe ich alles, was meine Gesprächspartner sagen? Ich werde jedes Wort protokollieren und den Inhalt dann am nächsten Tag mit eben diesen Gesprächspartnern gegenchecken. Aber was, wenn die besoffen oder bekifft waren und ich vielleicht auch? Schwierig.

Ich brauche dringend einen Plan für die nächsten Jahre. So ein Hörgerät ist alles andere als sexy. Die Hörhilfen sind zwar auf Makro-Maß geschrumpft, aber in diesem hautfarbenen Beige gehalten. Igitt!

Wenn überhaupt, werde ich mir wohl ein besonders auffälliges Exemplar, vielleicht in Rot, ins Ohr stecken und so tun, als wäre ich eine Geheimagentin. Ich würde dann immer ganz unauffällig auffällig in mein Handgelenk sprechen. Eine perfekte Tarnung!

Noch besser: Gestern habe ich einen Science-Fiction-Film gesehen, in dem die Menschen durch ein Virus erst den Geschmackssinn und dann das Gehör verloren. Alle lernten die Gebärdensprache. Dann kann ich mich auch unter Wasser verständigen.

Oder noch viel besser: Lippenlesen. Dann könnte ich auch bei Fußballspielen sehen, was die Trainer sagen, wenn sie nicht wie Pep Guardiola die Hand vor den Mund halten. Man muss sich nur zu helfen wissen.

Szenen einer unausweichlichen Annäherung
20

»Beeil dich! Ich habe einen Termin für uns zwei gemacht!«, fordert Lemmy mich auf. Er zieht mich durch einen kleinen Park bis zu einem Bootsverleih am Alsterufer. »Da ist es!«, verkündet Lemmy stolz. Wir stehen vor einem Polizei-Boot. Genauer einer Miniatur eines Polizei-Autos. Es ist ein Plastiktretboot. »Das ist nicht dein Ernst? Wie alt bist du eigentlich? Und erzähl mir nicht wieder was von Yoda!«, sage ich, ohne wirklich eine Antwort zu erwarten.

Lemmy tritt in die Pedale und schippert uns schnell in einen schmalen Kanal, der reichlich zugewuchert ist. »Oh, schau mal, die Schwäne haben Junge!«, teilt Lemmy mit mir seine neueste Entdeckung.

»Ich glaube, wir sollten hier verschwinden«, kann ich noch warnen, da fliegt Papa Höckerschwan auf uns zu. Er faucht, breitet seine mächtigen Flügel aus und formt seinen Hals zu einem »S«.

Lemmy guckt wie ein Auto. »Gas geben!«, brülle ich und trete wie verrückt. Wir produzieren für ein schwimmendes Plastik-Bobbycar eine mächtige Heckwelle, was für Papa Schwan offensichtlich eine Aufforderung zu einer weiteren Attacke ist. Er fliegt uns von hinten an und erwischt Lemmy am Kopf. »Das gibt 'ne Beule«, konstatiert das Ziel des Angriffs.

Der weiße Mann auf dem Meer

Mein Fernweh bekämpfe ich zur Zeit mit den Erinnerungen an verkorkste Urlaube wie diesen: Madeira. Hafenpanorama, 22 Grad, die Sonne scheint. Ich sitze auf einem Segelboot, das wir nach Teneriffa überführen wollen. Der Skipper öffnet für alle fünf Crewmitglieder das »Ankerbier«, obwohl wir noch keine Seemeile gesegelt sind. Darauf einen Manöverschluck!

So beginnt eigentlich eine gute Geschichte.

Einer nervt immer, wenn man als kleine Crew für ein paar Tage zusammen auf See ist. Doch diesmal fühle ich mich sofort wohl in der Runde unbekannter Menschen. Sie wirken alle sehr sympathisch. Hätte ich gewusst, was kommt, wäre ich sofort von Bord gegangen.

Die erste Attacke erfolgt auf hoher See. Es ist der nette, mittelalte Brillenträger mit Dreitagebart, SUV und Frau. Irgendwie hat er erfahren, wo ich arbeite. Er will wissen, ob ich Matthias Matussek kenne. Klar, sage ich, und dann geht es los.

Matussek, muss man wissen, ist ein ehemaliger SPIEGEL-Autor, der vom bekennenden Marxisten zum glühenden Katholiken wurde. Er driftete so weit nach rechts, dass sogar die konservative »Welt« ihm als Kolumnisten kündigte. Der Anhänger von »Glaube, Familie und Patriotismus« bekannte sich öffentlich zur AfD. Und beschwerte sich über »die Flut muslimischer Bodybuilder«.

Es stellt sich ziemlich schnell heraus, dass mein Mitsegler »den Matussek«, wie er ihn nennt, dufte findet.

Ich sitze also einem Anhänger der neuen Rechten gegenüber. Save Our Souls (SOS)! AWM-Alarm, alter weißer Mann! Bislang habe ich es geschafft, diese Art Mann im Privatleben zu umschiffen. So muss es sein, bei einer Familienfeier vom wunderlichen Onkel blöd von der Seite angemacht zu werden. Da kann man sich an einen anderen Tisch setzen oder einfach gehen. Doch jetzt, irgendwo mitten auf dem Atlantik, um uns herum nur Wasser, unter uns auch nur 5000 Meter Wasser, kein Land in Sicht. Was tun? Lächle ich das jetzt weg um des lieben Bordfriedens willen?

Oder halte ich dagegen? Dieser Typ wird nicht so schnell aufgeben – das ist klar – und immer wieder volle Breitseite schießen. Also sage ich meine Meinung. Darauf hat er nur gewartet.

Es folgt ein kurzes Wortgefecht, in dessen Folge ich mich in meine Koje zurückziehe. Vielleicht versteht er ja, dass ich mich nicht mehr streiten möchte. Der Rückzug – ein Fehler, wie ich am nächsten Tag merke.

In Folge zwei des atlantischen Zerwürfnisses geht es um schwache Frauen, die angeblich nicht Auto fahren können. Da ist er bei mir an der ganz falschen Adresse. Ich gehe ab wie ein Tesla von 0 auf 100. Wenn ich eins kann, dann Autos steuern, links einparken mit je zwei Zentimetern Luft vorn und hinten ist meine Spezialität. Doch ich bin leider viel zu schnell auf die pure Provokation angesprungen und nun ärgere ich mich über mich selbst. Kolbenfresser, nächstes Thema.

Donald Trump – das ist einfach, denke ich, die Lügen des ehemaligen Präsidenten sind so leicht zu dechiffrieren. Es geht hier aber nicht um die Wahrheit, jetzt findet er »den Trump« auch noch gut!

Wenn ich so zurückdenke an den Törn, hatte mein Mitsegler irgendwie Ähnlichkeit mit dem Mann, der beim Sturm des Kapitols vor der gesamten Weltöffentlichkeit einen Stuhl in Nancy Pelosis Büro besetzte: Fenstermonteur Richard Barnett. Schlank, Jeans, Fleece, Cap und die gleiche breitbeinige Körperhaltung, nur das Holzfällerhemd wurde durch eine Segeljacke ersetzt. Beide glühen für Donald Trump, verehren ihn wie einen Messias. Ehrfürchtig.

Die Evolution der Ehrfurcht, so hat die Wissenschaft festgestellt, diente einem Zweck: Durch die Verehrung für und Furcht vor einer Person können sich Menschen besser sozial verbinden. Seit das Internet genau diese Möglichkeit bietet, sind sie nicht mehr allein, die vielen alten weißen Männer. Wie kann die Natur so grausam sein?

Es geht hier folglich mehr um die Ausübung einer Religion, um eine Alterserscheinung, und nicht um eine politische Debatte. Da kann man mit so vielen Fakten um die Ecke kommen, wie man will. Es folgt in der Regel eine abstruse Verschwörungstheorie, wie auf dem Atlantiktörn auch.

Mein Mitsegler schaut jetzt herablassend zu mir herüber und fragt, ob ich überhaupt wisse, was der Begriff »Neoliberalismus« bedeute. Wäre er auch Besitzer eines Schnellfeuergewehrs, so wie der Pelosi-Stuhl-Besetzer, er hätte mich erledigt.

Als müsste er sein Revier markieren, schwappen sein wirtschaftlicher Frust und seine Frauenverachtung durchs Cockpit. Manchmal kommt man sich da wegen des Wellengangs sehr nah. Er hat Mundgeruch. Auch das noch …

Plötzlich verstehe ich, wie man auf den Gedanken kommen kann, jemanden über Bord zu schubsen und mit dem »Mensch über Bord«-Manöver ein wenig zu warten.

Die anderen Crewmitglieder schauen verschämt zu Boden, wenn wir uns fetzen. Der Skipper versucht manchmal zu vermitteln. Er kennt den Angreifer kaum, weil er über eine Art Hand-gegen-Koje-Deal aufs Schiff gekommen ist. Der Skipper und ich jedoch kennen und schätzen uns schon seit weit mehr als zwanzig Jahren.

Ich spüre, dass er versucht, neutral zu bleiben und eine Schlichtungsinstanz darzustellen, aber der alte weiße Mann kann nicht aufhören. Und ich kann nicht aufhören, darauf zu reagieren.

Zum Glück sind wir in Schichten eingeteilt und ich verschwinde unter Deck, wenn sein Team das Steuer übernimmt. Ich fühle mich jedes Mal, als hätte ich eine Schlacht verloren, wenn ich mich in meine Koje kuschele.

Nach 500 Kilometern auf See endlich Land in Sicht! Doch auch beim »Ankerbier« macht er weiter. Ich bin so weit und schlage dem Skipper vor, dass ich mich möglichst zügig landfein mache und verdufte. Ich habe ein schlechtes Gewissen, weil unsere Auseinandersetzung den Törn so dominiert hat und will das beenden.

Es stellt sich heraus, dass der AWM ein Auto angemietet hat und damit Teneriffa erkunden will. Wir müssen alle grinsen, als er bei der Mietwagenfirma von einer Frau den letzten vorhandenen Wagen in seiner Klasse zugewiesen bekommt: einen Golf in Kackbraun.

Szenen einer unausweichlichen Annäherung
21

Irgendwo in der Wohnung erklingt ein »Happy Birthday«.

Huch, ich habe doch heute gar nicht Geburtstag. Sonst auch niemand im Haus. Als ich die Küche erreiche, entdecke ich Lemmy. Er singt weiter »Happy Birthday to meeeeeeeeee, happy birthday to meeeeeeee!«. Auf dem Küchentisch steht eine riesige rosafarbene Torte, die fast genauso groß ist wie die Tischplatte. Darauf brennen unzählige kleine hellblaue Kerzen.

»Glückwunsch, ich wusste gar nicht, dass du Geburtstag hast!«, gratuliere ich, »wie alt wirst du denn?« Lemmy überlegt, »801, ich bin jünger als Yoda, aber fast so alt, wie er geworden ist, das habe ich dir doch neulich schon gesagt.« Sehr lustig. Ich habe den Verdacht, dass er das hohe Alter erfunden hat, um sich einen möglichst großen Kuchen zu schenken. »Yoda ist mit 900 Jahren gestorben«, stelle ich fest.

Lemmy grinst und sagt trocken: »Ich bin unsterblich!« Dann bläst er mit etwa 15 Atemzügen alle Kerzen aus.

Vollkommen erschöpft und schwindelig setzt er sich auf einen Stuhl und bittet mich um einen Teller. Aus dem Monster-Kuchen löst er ein Stück heraus, das so groß ist wie das Gedeck, und schaufelt es in sich hinein.

Forever Young – der 18. Geburtstag

Seit Tagen schon krame ich in meinem Gedächtnis. Irgendwie kann ich mich nicht mehr an meinen 18. Geburtstag erinnern. Die Schwelle zur Volljährigkeit, der Tag, an dem man endlich erwachsen wird, voll geschäftsfähig ist und wählen gehen darf, dieser wichtige Geburtstag ist meinem Gehirn entschwunden. Das fand ich so traurig, dass ich meinem Sohn ein besonders schönes Fest bereiten wollte, als er so weit war.

Ich schlug ihm eine Gartenparty vor – über drei Tage hinweg, nach dem Vorbild einer kasachischen Hochzeit. Am ersten Tag die Familie, am zweiten die Freunde und danach einfach durchmachen. Er hatte Bedenken. Seine Freunde seien mitunter völlig enthemmt unter Alkoholeinfluss, er könne für nichts garantieren. Dann hatte er eine seltsame Idee. Ob ich mir vorstellen könne, einfach dabei zu sein. Eigentlich wollte ich mich während der Feierlichkeiten ein Wochenende lang zurückziehen. Aber gut, zeige ich also Präsenz und kann damit vielleicht Schlimmeres verhindern. Ob es nicht peinlich wäre, wenn die alte Mutter dabei ist, wollte ich noch von Leon wissen. Das wurde mit einem kurzen »Nö!« quittiert.

Wir kauften gehörige Mengen Flüssignahrung und sorgten für Elektrolyte in Knabberform. An der Küchentür hängten wir ein Schild auf: »Anordnung der Leitung des Festkomitees: Bei Bedarf bitte in den Garten kotzen!«

Der Plan, dass mir die Rolle als Aufpasserin zukommt, gefiel mir nicht besonders gut. Als die Gäste eintrafen, gab ich vor, einen Film schauen zu wollen.

Es dauerte keine halbe Stunde, da standen drei entzückende Freundinnen meines Sohnes vor dem Bett, in dem ich es mir gemütlich gemacht hatte. Sie plauderten munter drauflos und verwickelten mich in ein Gespräch. Irgendwie fanden sie es wohl lustig, dass die Mutter ins Bett geschickt wurde, während die Kinder Party machten. Ob ich nicht mitfeiern wollte, fragten sie mich nach einer Weile. »Okay«, hörte ich mich viel zu schnell sagen. Wir begaben uns in die Küche, wo ich mich wie ein alter Mafiaboss auf einem Stuhl platzierte.

Dort blieb ich sitzen und ließ das Jungvolk an mir vorbeidefilieren. Die, die ich noch nicht kannte, wurden mir vorgestellt und gaben artig die Hand. Was für freundliche junge Menschen, dachte ich so vor mich hin.

Vier Stunden später waren sie zwar noch freundlich, aber konnten das kaum noch artikulieren. Ein baumlanger Typ fiel einfach um. Wir schafften es, ihn ins Gästezimmer zu manövrieren, wo die 2,03 Meter junger Mensch ins Bett plumpsten. Es gab noch weitere Totalausfälle, aber darüber schweige ich mich an dieser Stelle aus, auch in meinem eigenen Interesse.

Denn ich habe von den drei Tage dauernden Feierlichkeiten profitiert. Es gibt Fotos von mir inmitten der tanzenden Meute. Es war ein rauschendes Fest, in dessen Abfolge auch der Garten gut gedüngt wurde. Ich hatte viel Spaß, weil da ein Gefühl von Alterslosigkeit in mir aufstieg. Aus irgendeinem Grund, ich vermute, es lag an den ausufernden Mengen Alkohol, die wir beschafft hatten, fand ich eine seltsame Form der Akzeptanz unter den Freunden meines Sohnes. Ich trank und giggelte mit ihnen und fühlte mich wie in einem Jungbrunnen.

Auch der Kater am nächsten Tag konnte daran nichts ändern.

Es gibt Studien, die beweisen, dass alte Leute unter jungen länger jung bleiben. Ich finde das absolut nachvollziehbar. Wenn man den ganzen Tag jammernde Leute um sich herum hat, fängt man auch irgendwann an zu jammern. »Oh, mein Rücken, aua, meine Hühneraugen, autsch, meine Arthrose!«, das färbt ab auf die eigene Stimmung. Es ist nicht förderlich für die eigene Stimmungslage, wenn man nur umgeben ist von Menschen,

die reihenweise wegsterben, auf Beerdigungen abzu-
hängen und zwischen Demenz und Depression nicht
mehr unterscheiden zu können. Diese Trennung von
Alter und Jugend bedarf einer Aufhebung. Ich fordere
die Zusammenlegung von Altenheimen und Kinder-
gärten, von Jugendtreffs und Seniorennachmittagen,
von Schulausflügen und Butterfahrten!

Ich jedenfalls nutze seit den Geburtstagsfeierlichkeiten
meines Sohnes jede Gelegenheit, mich an die Jugend
ranzuwanzen. Wie ein Junkie atme ich in ihrer Umgebung die Adoleszenz ein, die meine Lunge mit Zukunft
füllt. Wichtig ist nur, dass ich mich gut dabei tarne. Ich
erinnere mich da an einen alten Bob-Dylan-Song mit
der Zeile »I hate the need that was expressed«.

Szenen einer unausweichlichen Annäherung
22

Lemmy steht vorm Badezimmerspiegel und summt versonnen »We Are Young« von der der Band FUN. Er schmiert sich irgendwas ins Gesicht, es ist schon ganz weiß. Dann drückt er mir einen feuchten Kuss auf die Wange. Ein wenig weiße Creme bleibt an mir hängen. Der Geruch kommt mir bekannt vor ...

»Lemmmyyyy!!! Ist das die sündhaft teure Creme, die ich zum Geburtstag bekommen habe?« Er schaut verdutzt. »Da steht ›moisturizing creme‹ drauf, das heißt doch auf Deutsch ›Feuchtigkeitscreme‹. Und ›La Mer‹, die Feuchtigkeit kommt dann wohl aus dem Meer. Das kann nicht so teuer sein. Schließlich bedecken zwei Drittel unserer Erde die Ozeane.« Die Hälfte des Döschens ist leer, die entnommene Menge bedeckt jetzt zwei Drittel der entgeisterten Lemmy-Visage wie eine Maske. »Du hast dir gerade 150 Euro ins Gesicht geschmiert!«, gebe ich resigniert zurück. Lemmy pariert: »Die Wissenschaft und die Stiftung Warentest haben festgestellt, dass man Falten mit Cremes nicht rückgängig machen kann. Ich kann meiner gegerbten Männerhaut nur noch Feuchtigkeit geben und damit Schlimmeres verhindern. Ich dachte, ich mache mal 'ne Booster-Kur-Packung drauf.« Die 150-Euro-Fratze verzieht sich zu einer Grimasse, in deren Falten sich die weiße Masse sammelt. Lemmys Grinsen reicht fast bis zu seinen Ohren. Daran hängen auch noch Cremereste im Gegenwert von etwa fünf Euro. Dann bekommt er wenigstens keine schrumpeligen Ohren, denke ich leise, um mich zu beruhigen. Er legt sich aufs blaue Sofa, schließt die Augen, sagt dann: »Ich muss das viele Geld in meinem Antlitz genießen. So teuer war mein Gesicht noch nie!« Und schlummert weg.

Schub-i-du

Meine Freundin Sabine ruft an. Ohne eine richtige Begrüßung plappert sie sofort los: »Ich habe mich heute Morgen im Spiegel betrachtet und dabei ganz plötzlich eine massive Veränderung im Dekolleté wahrgenommen. Es sieht aus wie eine üble Bindegewebsschwäche, und die Haut ist schrumpelig und faltig geworden, quasi über Nacht«, kreischt sie fast. »Janz ruhig, das kenne ich schon. Es betrifft vor allem Seitenschläferinnen, weil das Gewicht der Brust das ganze Gebilde in Richtung Erdanziehung herunterpusht. Aber, was mich viel mehr beschäftigt, ist, dass deine Erkenntnis so plötzlich kommt. Hast du die Stelle lange nicht inspiziert, hast du das vielleicht sogar ignoriert, oder war deine Brust gestern noch nicht in Falten gelegt?«, will ich wissen.

»Ich glaube, das Alter kommt in Schüben«, war die Erklärung meiner gebeutelten Freundin. Das war mir so noch nicht aufgefallen, aber, wenn ich jetzt so recht überlege ... auch ich habe in letzter Zeit kaum Veränderungen an mir wahrgenommen.

Das letzte wirklich schockierende körperliche Erlebnis war die Entdeckung zweier Altersflecke im Gesicht. Die waren auch von heute auf morgen da, einfach so. Aber wer malt die dahin, wie kommt das so schnell, und wie gehen sie wieder weg?

Ich bin auf ein Lied gestoßen, das tatsächlich »Das Alter kommt in Schüben« heißt. Es ist eine melancholische Gitarrennummer, die zwischendurch rhythmisch anzieht und wieder loslässt. Das untermalt wohl die Heimtücke des Alters, das immer dann zuschlägt, wenn man nicht damit rechnet. Lange Zeit ist Ruhe, dann werden großflächig Haare grau, dann wieder Ruhe, darauf folgt eine Falten-Attacke im Gesicht. Dann wieder Pause. Es reiht sich ein brutaler Angriff auf das Augenlicht ein, wieder 20 Zentimeter mehr Alterssichtigkeit. Dann wieder lange Zeit nix. Daraufhin entwickelt sich in Lichtgeschwindigkeit eine Herz-Kreislauf-Schwäche … und so weiter.

Das Lied auf der CD für Senioren erklärt das Phänomen der Hinterfotzigkeit des Alterns in Schüben so: »Das Alter kommt in Schüben, es lässt so Zeit zum Üben, allmählich Stück für Stück«, so reimt es sich das Liedgut zurecht.

Aha. Wir sollen uns daran gewöhnen, wir sollen den langsamen Verfall trainieren. Gekrönt wird die ganze Überei dann wohl durch den Tod, das große Finale ohne Generalprobe. Mir macht die Unberechenbarkeit des Alters durch diese Erkenntnis Angst.

Es gibt doch diese Filme, in denen Frauen plötzlich und über Nacht in einer jüngeren oder älteren Haut stecken. Meine Horror-Version davon geht so: Ich wache morgens auf, und alle Fettschichten an mir hängen bodentief, als ob jemand Gewichte daran befestigt hätte. Ich hebe einen Arm, und darunter schlabbert Schwabbelgedei groß wie eine ausgetrocknete Schweinehälfte (»Winkearme«, so heißen die, warum eigentlich, wenn man durch das zusätzliche Gewicht damit NICHT mehr so gut winken kann?). Mein Gesicht ist nicht wiederzuerkennen: eine Faltengrube. Ich sehe mich im Spiegel ein »O« über die schrumpeligen Lippen bringen, kann das darauf folgende »Gott!« aber kaum hören. Das Haupthaar ist one-shade-grau und das untenrum auch.

Hilfe!!!

Kann ich irgendetwas tun gegen dieses Altern in Schüben, gar eine Schub-Umkehr initiieren?

Forscher der Stanford-Universität haben bei Mäusen herausgefunden, dass sich Bluttransfusionen von jüngeren Tieren positiv auf die älteren auswirken.

Ich zapfe also nachts heimlich bei meinem blutjungen Sohn was ab und transferiere es in meinen alten Stoffwechsel. Am Morgen wache ich auf – und was dann?

Sehe ich dann aus wie Keith Richards, der sein Blut hat reinwaschen lassen von schädlichen Giften wie Heroin zum Beispiel? Auch nicht schön, die Drogen mussten raus aus dem Kreislauf, damit die nächste Show gefahrlos über die Bühne geht und er nicht wieder einschläft beim Gitarre-Klampfen. Und das soll auch beim Altern helfen? Keith Richards' Gesicht lässt das nicht vermuten. Und aus mir ist leider kein Rockstar geworden, und eine Maus schon mal gar nicht!

Mir kommt eine höchst merkwürdige Veranstaltung in den Sinn. Einmal im Jahr wird auch in Hamburg Oktoberfest gefeiert, man glaubt es kaum. Der romantischste Ort dafür ist bei Karstadt in der Mönckebergstraße auf dem Parkdeck. Dort wird ein Mehrzweck-Veranstaltungszelt errichtet, Bierbänke werden reingestellt und reihenweise Zapfanlagen installiert. Dazu dudelt ziemlich laut so was wie DJ Ötzi und anderes Liedgut aus dem Mutantenstadl.

Eine Freundin hat mich betrunken gemacht, mich dann in ein weißes Dirndl gesteckt und einfach dahin mitgeschleppt. Aus Protest behielt ich meine schweren Biker-Boots dazu an, aber richtig wehren konnte ich mich nicht mehr gegen die Almsimulation auf dem Parkdeck.

Bizarr, das muss man mal gesehen haben, aber zu meiner Schande muss ich gestehen, dass ich unter erheblichen Mengen Maß Bier plötzlich auch auf dem Tisch mittanzte.

Als ich nicht mehr konnte, plumpste ich auf die schmale Bierbank neben eine Frau. Sie sah aus wie eine freundliche Mittfünfzigerin, ein bisschen blass um die

Nase. »Hi!«, brachte ich gerade noch so hervor. Sie schaute sehr verständnisvoll: »Hallo, ich bin Heidi!« Habe ich mich verhört? Heidi, auf dem Oktoberfest, echt jetzt?

Es stellte sich heraus, dass Heidi weniger dieser Bierhumpen intus hatte als ich und sich noch ausgezeichnet artikulieren konnte. Sie war wirklich sehr freundlich, aber mit ihrem Alter lag ich vollkommen daneben. Bei dem etwas einseitigen Gespräch stellte sich heraus, dass Heidi – ACHTUNG! – 74 Jahre alt war. Ob sie mit dem Bier ein Jugend-Elixier zu sich genommen hätte, fragte ich mit schwerer Zunge. Sie lächelte nur in sich hinein und sagte: »Bleib aus der Sonne. Ich habe mich im Urlaub nie gesonnt und immer starken Sonnenschutz aufgetragen, wenn es sich nicht vermeiden ließ.«

Aha. Verzicht. Schon wieder. Auch das noch. Ich liebe die Sonne. Sobald sie sich zeigt, bin ich glücklich, wenn ich mich von ihr braten lassen kann. Das darf ich jetzt auch nicht mehr? Menno! Manchmal nervt das Altern nur. Und es macht Angst.

Auf der CD »Das Alter kommt in Schüben« habe ich noch ein Lied gefunden, es heißt »Nachruf auf den letzten Zahn«.

Szenen einer unausweichlichen Annäherung
23

»Zur Seite! Rettungskraft im Einsatz!«, höre ich Lemmy aus der Küche brüllen. Als ich um die Ecke biege, sehe ich, dass er eine Möwe auf dem Arm hat, die einseitig flattert und versucht, ihm zu entkommen. Doch es gelingt ihr nicht, der andere Flügel bewegt sich nicht. »Oh, was hat sie denn?«, will ich von der Rettungskraft Lemmy wissen. »Der Flügel, sie kann nicht mehr fliegen«, lautet die Diagnose. »Du arme Möwe!«, spricht er zu dem Tier, das sich in Todesangst gegen die Behandlung wehrt, »ich bringe das wieder in Ordnung. Bald wirst du wieder kleine Stinte aus der Elbe fischen.«

Lemmy streichelt dem Tier liebevoll über den Kopf. Und es beruhigt sich tatsächlich durch die direkte Ansprache. Nur mich schaut die Möwe noch misstrauisch an. Lemmy fischt Leukoplast aus einer Schublade und klebt dem Vogel einen Streifen davon auf Flügel und Körper. Die Möwe quittiert das mit einer Entleerung des Darms. »Wir müssen sie zum Tierarzt bringen!«

Der kann leider auch nicht mehr viel für sie tun. Die Möwe wird in der Tierkörperbeseitigungsanlage in Rotenburg/ Wümme landen. »Dort wird sie grob zerkleinert, bei 133 Grad sterilisiert und getrocknet. Man darf Tiere nicht einfach irgendwo begraben«, erklärt der Veterinär sachlich. »Sie hätte eigentlich eine ordentliche Seebestattung verdient«, befindet Lemmy, wieder zuhause. Er sucht ein paar Blütenblätter im Garten zusammen und zieht mit ihnen und einem Kochtopf inklusive meinem Landfrauen-Kochlöffel an den Gartenteich. »Hin gen Norden zieht die Möwe, Hin gen Norden zieht mein Herz, Fliegen beide aus mitsammen, Fliegen beide heimatwärts«, zitiert er auf einmal Theodor Storm. Wo hat er das nur wieder her? Ich kann ihn nicht fragen. Lemmy ist in Tränen ausgebrochen und haut die »acht Glasen«, die man auf der Schiffsglocke viermal mit einem Doppelschlag bei Bestattungen auf See ausführt.

Christina Pohls persönliche Medizin-Hotline

Lange Zeit hatte ich Zweifel, ob es gut war, meinen Sohn, als er 14 Jahre alt war, »Grey's Anatomy« mitschauen zu lassen. In der Ami-Arztserie passieren Katastrophen am laufenden Band. Es wird viel gestorben und viel gezeigt. Ein offener Thorax inklusive herausquellender Gedärme, das Aufsägen von Schädeln mit Innenansichten und gebrochene Knochen, die aus dem Fleisch ragen, sind mir noch in lebhafter Erinnerung.

Doch die pädagogisch zweifelhafte Maßnahme trägt jetzt, Jahre später, doch noch Früchte: Mein Sohn will Arzt werden, er studiert im ersten Semester Medizin. Ich bin wahnsinnig stolz auf ihn.

Um das erste anstehende Pflegepraktikum in den Semesterferien hat er sich erst auf den letzten Drücker gekümmert. So landet er in der Geriatrie. Sechs Wochen dauert die unbezahlte Lehrzeit, in der angehende Ärztinnen und Ärzte das harte Leben der Pflegerinnen und

Pfleger kennenlernen. Leon sagt, das sei wichtig, damit man später nicht zu einem arroganten Halbgott in Weiß würde. Seine erste Woche wird er so schnell jedenfalls nicht vergessen. Ihr Ende kommentiert er so: »Heute war ein dunkler Tag.« Pause (sehr lang). Ich frage dann doch neugierig nach: »Na?«

»Herr Blau (Namen geändert), der seiner Sinne nicht mehr mächtig und bettlägerig ist, hat wohl was Komisches gegessen. Das kam überall raus, obwohl er Windeln trägt. Während wir versuchten, ihn und das Bett zu reinigen, ging sein Zimmernachbar auf Toilette. Wir waren also mittendrin, Herrn Blau zu säubern, da tauchte der Toilettengänger wieder auf und hinterließ beim Gehen so braune Spuren. Ich rief ihm noch zu: ›Herr Schulz, bitte warten Sie, nicht hinlegen!‹ Aber da hatte er es sich schon in seinem Bett gemütlich gemacht. Das war dann auch braun-gefleckt.

Wir haben über eine Stunde gebraucht, um das Zimmer von allen Exkrementen zu befreien.«

Ich bin sprachlos und schaue ihn voller Mitgefühl an, da sprudelt es aus meinem Sohn noch weiter heraus: »Es kam noch schlimmer: Ein Patient ist beim Gehen ausgerutscht und hat sich das Genick gebrochen. Er musste sofort operiert werden. Die Ärztin legte ihm eine Halskrause an. Das Problem war nur, dass er nicht verstand, was mit ihm passierte. Er ist Migrant und kann kaum Deutsch. Die Ärztin hat sich alle Mühe gegeben, aber die Botschaft, ruhig liegen zu bleiben, kam einfach nicht an. Er wollte sich ständig die Halskrause abreißen, und der herbeigerufene Rettungswagen, der ihn zur OP in die nächstgelegene Neurochirurgie bringen sollte, kam einfach nicht.«

Leon ist sichtlich angefasst von dem dramatischen Tag auf seiner Geriatrie-Station.

Doch es ging noch weiter: »Gestern kam eine Patientin, die nicht mehr lange zu leben hat. Innere Blutungen und Nierenversagen, der Arzt sagt, sie hat nur noch ein paar Tage. Alle wissen es, auch die Patientin selbst. Sie sagt, dass sie Angst hat zu sterben, Angst vor dem Tod. Sie sagt aber auch, dass sie ein schönes Leben hatte.« Jetzt schießen mir die Tränen in die Augen. Leon fährt fort mit seinen Schilderungen: »Eine der Pflegerinnen hat mit ihr gebetet. Die nächsten Verwandten durften sie auch noch mal besuchen, um Abschied zu nehmen. Das ist wohl der Lauf der Dinge. Die Patientin bekommt genug Morphin, so dass sie nicht leiden muss in ihren letzten Tagen«, versucht mein Sohn mich zu beruhigen. Er hat wohl bemerkt, dass ich jetzt auch ergriffen bin.

»Was ist, wenn ich mal so weit bin?«, will ich von ihm wissen. »Das ist dann halt so«, sagt er im Versuch, die Konversation zu beenden, sehr schnell und lenkt dann doch differenzierter ein, als er bemerkt, dass ich entsetzt meine Augen aufreiße. »Ich werde mich natürlich bestmöglich um dich kümmern. Schließlich hast du dich auch um mich gekümmert, mich gefüttert und meinen Hintern abgewischt. Das ist dann eben wie bei Benjamin Button. Alles anders herum. Du brauchst dann jemanden, der sich um dich kümmert. Ich würde das natürlich für dich machen, das steht außer Frage.«

Ich bin gerührt. Ob er mich denn in ein Seniorenheim geben würde, wenn ich das nicht mehr selbst entscheiden könnte, will ich von ihm wissen. Leon überlegt und setzt dann zu einer kompetenten Analyse an: »Das kann ich irgendwann auch nicht mehr allein entscheiden. Ich würde es immer erst mit einem Pflegedienst probieren. Aber der Weg ist gestaffelt, es gibt Pflegestufen, die ganz klar bestimmen, ab wann du wohin kommst. Wenn der Pflegedienst dann nicht mehr weiterweiß und ich mich nicht rund um die Uhr um dich kümmern kann, weil ich ja auch arbeiten muss, dann ist die nächste Stufe das Altersheim. Und wenn es da nicht mehr geht, kommst du in die Geriatrie.«

Ich bin geschockt. Nicht nur, weil ich so schnell und logistisch einwandfrei in der Geriatrie gelandet bin, sondern auch, weil Leon viel mehr über die Pflege alter Menschen weiß als ich. Und er hat sich offenbar schon Gedanken darüber gemacht. »Das ist der Lauf der Dinge«, beendet er seinen Vortrag über Pflegestufen. »Ich will nicht ins Altersheim«, beginne ich zu jammern.

»Ich weiß, ich werde alles geben, um das hinauszuzögern.«

Dieses empathische Versprechen beruhigt mich wieder ein wenig.

Doch ein hinterlistiger und nicht ganz uneigennütziger Gedanke keimt in meinem Gehirn. Im Grunde werde ich bald, etwa in sechs Jahren, meinen ganz persönlichen Arzt haben: Doktor Leon Pohl, rund um die Uhr für seine wichtigste Patientin erreichbar, seine Mutter. Schließlich werden mit dem Alter die Zipperlein nicht weniger. Und ich werde dann meine eigene Medizin-Hotline haben.

»Leon, heute Morgen tut mein Fuß weh« oder »Heute Mittag schmerzt meine Schulter« oder »Heute Abend kann ich einfach nicht einschlafen«, ich könnte ihn jeder Zeit anrufen, was für hervorragende Aussichten!

»Wie findest du das?«, frage ich ihn, als ich diese Erkenntnis mit ihm teile. »Du darfst mich nur anrufen, wenn es was Ernstes ist!«, sagt er sehr bestimmt.

Szenen einer unausweichlichen Annäherung
24

Auf dem Fußboden kullert mir eine Murmel entgegen. Ich folge ihrem Weg rückwärts und lande im Wohnzimmer. Es ist als solches nicht mehr wiederzuerkennen. Der komplette Boden ist bedeckt mit Dominosteinen, Federn, Murmeln und einem bunten Pulver. Von einer Fensterbank führen Plastik-Rennbahnen eines Hot Wheel Sets mit anschließendem Dreier-Looping in den Raum. Lemmy steht auf einer Leiter und strahlt mich an. Ich muss gar nicht fragen. »Guck mal, wenn ich die Murmel hier oben an der Gardinenstange abschieße, was dann passiert!« Ich folge der Murmel mit den Augen. Sie rollt die Abschussrampe herunter, auf die Fensterbank, auf der ungefähr 50 Dominosteine der Reihe nach umfallen. Das wiederum löst eine weitere Murmel aus einer Vorrichtung, die sich auf den Weg zum Tisch macht. Dort fällt ein Kartenhaus in sich zusammen und befreit damit einen Haufen bunten Puders, der sich im Umkreis von vier Quadratmetern verbreitet. »Das ist Feenstaub!«, kreischt Lemmy. »Pass auf, wie es weitergeht!« Viel Zeit zur Orientierung bleibt mir nicht. Die nächste Murmel beginnt Richtung Sofa zu kullern, wo sie durch ein Plastik-Parkhaus für Kinder hindurcheiert, um dann mit viel Speed abwärts in einen Luftballon zu rasen, der explodiert und tausend kleine Daunen im Raum verteilt.

Jetzt will ich es doch wissen: »Was ist das?«

»Eine Glücksmaschine!«, ruft Lemmy selig.

Hippie 2.0

Heute Morgen habe ich es getan: Auf dem Weg zur U-Bahn lächelte ich den ersten Menschen an, der mir entgegenkam. Ich grüßte ihn sogar, obwohl ich den Mann nicht kannte. Er lächelte überrascht zurück und murmelte ein »Moin!«.

Ein Freund von mir hatte genau das ausprobiert und mir geraten, das einfach auch mal zu machen. Der Tag würde garantiert ein guter werden. In der U-Bahn fuhr ich fort mit der neuen Tour: Ich brachte meinen Kopf nicht wie sonst in die Doppelkinn-Pose, um auf mein Handy zu starren. Stattdessen habe ich die Leute angeschaut und die, die ihren Kopf auch erhoben trugen, mit einem vorsichtigen, zarten Lächeln bedacht. Es waren nicht viele. Eine ältere Dame sagte etwas zu mir: »Heute ist ein schöner Tag, oder?« Wir kamen ins Gespräch, sie war auf dem Weg zu ihrem Kardiologen. »Alles Gute«, rief ich ihr noch hinterher, als sie ausstieg. Ich fühlte mich sehr gut dabei.

Auch meine Kolleginnen und Kollegen bei der Arbeit

überraschte ich mit einem fröhlichen Grinsen, das fast alle ansteckte. Fast. Journalisten sind nicht so einfach aufzuheitern wie U-Bahn-Passagiere, sie erliegen meist ihrer Schwarzmalerei. Doch es gelang mir, auch einige von ihnen mit meiner selbst verordneten Fröhlichkeit zu infizieren.

Oh Wunder, ich habe ein Wunder vollbracht, ich kann übers Wasser gehen, ich bin ein weiblicher Jesus! Die Rolle der Frau in der katholischen Kirche muss dringend überdacht werden!

Maria 2.0, Achtung, hier kommt Hippie-Nina!

Ich überlege schon lange, wie ich aus meinem täglichen Film herauskomme. Darin spiele ich, neben vielen Tausend anderen, eine übel gelaunte Passantin, U-Bahn-Nutzerin und Autofahrerin. Eine rücksichtslose Rüpelin, die niemandem ausweicht und alle anfaucht, die ihr im Weg stehen.

Wenn die U-Bahn hält, beobachte ich immer wieder Fahrgäste, die nicht warten können, bis alle ausgestiegen sind, sondern direkt in die Tür drängen. Einige von diesen Rüpeln bekamen es schon mit meiner Schulter zu tun, ich habe sie absichtlich damit angerempelt. Ich kam gereizt von der Arbeit, wollte nur nach Hause, und die ganze Anspannung entlud sich an der unfreiwilligen Nähe zu Menschen, die ich zum Kotzen finde. Eine rein pädagogische Maßnahme, damit die das nicht wieder machen, so entschuldigte ich mich vor mir selbst. Meine innere Hippie-Nina, die, seit ich 50 geworden bin, immer häufiger auftaucht, erhob Einspruch: »Gewalt erzeugt Gegengewalt!« »Ja, aber, wenn die einfach die Regeln nicht beherrschen!«, gebe ich zurück. Irgendjemand muss den Leuten doch Benehmen beibringen. Aber eigentlich weiß ich, dass Hippie-Nina recht hat.

»Hast du mal versucht, was passiert, wenn man in einer solch hektischen Situation an der Tür zum Waggon ein fröhliches ›Sie wollen doch bestimmt erst Platz machen, bevor Sie einsteigen, oder?‹ flötet? Wahrscheinlich bringt man den kinderstubenlosen Rempler völlig aus dem Konzept«, rät Hippie-Nina mir. Vielleicht sollte ich das ausprobieren.

Ich stelle fest: In den letzten Jahren habe ich mich mitreißen lassen, von diesem Strom empathieloser, roboterhafter Massen von Monstern, die sich im Großstadtdschungel so durchschlagen. Und ich wurde selbst zu einem. Ich beobachte schon länger an mir, dass ich viele Leute schlicht nicht leiden kann. Ich bin menschenscheu geworden. Grundsätzlich traue ich meinem Gegenüber in freier Wildbahn nur das Allerübelste zu. Angewidert schaue ich die meisten von ihnen an, als wären sie Primaten, die sich gerade unanständig ihrer Exkremente entledigt haben.

Aber Hippie-Nina lebt! Sie hat wieder eine Stimme in mir, und sie erinnert mich an meine Jugend im Indien-Kleid. Gemeinsam mit ihr will ich eine neue Bewegung gründen, mit Glöckchen am Hippie-Fummel. Wir

träumen schon von Umerziehungslagern sozialisti-
scher Art, in denen wir Konfrontationsübungen im Alltag nachspielen und Soljanka löffeln. Nina und ich
haben Projekte: »Wir stellen uns an den Ausgang vom
U-Bahn-Schacht, verteilen Blumen und bieten ›Free
Hugs‹ an.« Das fordert sie zumindest.

Aber Fremde umarmen? Huihuihuih! Wollen wir nicht
erst mal einen Verein gründen mit ordentlicher Sat-
zung und eine Webseite gestalten? www.Hippie2.0.de,
klingt doch gut, oder?

»Wer, wenn nicht wir Mittelalten haben diese Art von
Narrenfreiheit?«, bespreche ich mich mit Hippie-Nina.
Sie findet, dass wir die Sache in die Hand nehmen sollten. Wir hätten schließlich nicht mehr so viel zu verlieren.

Morgen kaufe ich mir ein Hippie-Kleid mit Glöckchen. Immer, wenn sich jemand im öffentlichen Raum
danebenbenimmt, lasse ich sie erklingen. Das ist schon
mal ein Anfang.

Szenen einer unausweichlichen Annäherung
25

»Na, hast du Hunger?«, fragt Lemmy lasziv. Seit fünf Stunden arbeitet er jetzt schon in der Küche. Das, was er da zusammenbrodelt, riecht eher seltsam.

Ich bin neugierig und trete in meine Kochstube ein, die von Kannibalen und Steinzeitmenschen überfallen worden sein muss: Auf dem Tisch liegt eine Art große, runde Wurst, die schwer abdampft. Der Rest der Abstellflächen ist vollgestellt mit Töpfen, aus einem hängt – oh, nein!- das Ende einer Luftröhre, daneben Stopfnadel, Küchengarn und allerhand Fleischreste. Mein Gesichtsausdruck veranlasst Lemmy dazu, die Entstehung des Frankenstein-Hot-Spots zu kommentieren: »Das Haggis-Rezept ist nichts für schwache Nerven. Eine Spezialität aus Schottland: ist alles vom Schaf, Herz, Leber, Lunge, Nierenfett und Magen.«

Mein Magen dreht sich um, mein Körper will folgen. »Warte!«, brüllt Lemmy, »Das ist pure Nachhaltigkeit. Wir können nicht Tiere schlachten und nur das essen, was uns gefällt. Ich finde, du solltest zumindest mal probieren.«

»Schotten sind wegen Verschwendung vertriebene Schwaben«, rezitiere ich einen Schotten-Witz. »Ist das so eklig wie Pfälzer Saumagen?«, frage ich, habe Helmut Kohl dabei vor Augen, und sofort will ich noch dringender das Schlachtfeld verlassen.

Lemmy hält mich am Handgelenk fest. »Ich mache dir einen Vorschlag. Ich verbinde deine Augen und füttere dich. Und du denkst dabei an deinen Lieblingseintopf.« Wir handeln aus, dass ich diesen Vorgang sofort beenden kann, wenn es nicht schmeckt.

Ich setze mich an den Tisch, Lemmy bindet mir die Augen zu und ich denke ganz fest an den Lamm-Schmortopf von Jamie Oliver. Der Löffel erreicht meine Lippen. Ich öffne sie nur widerwillig. Aber dann bin ich doch überrascht: Das Schafsmassaker schmeckt wie Grützwurst, ordentlich gepfeffert und lecker. Ich lockere die Augenbinde. Lemmy strahlt: »Diese Form von Nachhaltigkeit könnte Einzug halten in dein Leben, wa?!«

Die Zukunft liegt in Teppichfransen und Stromautos

Fange ich an zu halluzinieren? Über meinem beige-farbenen Gabbeh-Teppich im Wohnzimmer schweben seltsame Teile in der gleichen Farbe. Die Matte aus dem Morgenland ist mittlerweile über zwanzig Jahre alt und mir irgendwie ans Herz gewachsen. Ich habe ihn in der berühmten Hamburger Speicherstadt bei einem persischen Teppichhändler gekauft für 2500 Mark, es muss also vor der letzten Währungsreform gewesen sein. Es ist ein handgeknüpfter Orientteppich aus weicher Schafswolle mit einem Zertifikat vom Experten.

Was der Experte jetzt wohl über die Teilchen sagen würde, die ich vor mir sehe? Oh, nein, sie haben Flügel, da kriege ich doch die Motten! Ich klappe den schweren Teppich hoch und stoße einen kurzen Schrei aus. Die Tierchen nisten wohl schon länger darin. Sie haben meinen Gabbeh zu ihrem Zuhause erklärt und fressen ihn auf wie Kinder ein Hexenhaus. An einer Stelle ist ein ausgewachsenes Loch im Teppich.

Ich bestelle den nächstgelegenen Perser-Experten aus meinem Kiez zur Begutachtung ein. Er verkündet: »1100 Euro, dafür waschen wir ihn so, dass keine Motten mehr darin leben wollen, reparieren die Löcher und schneiden ihn genau hier ab, damit wir eine neue Fransenreihe anknüpfen können.«

»Sie wollen meinen Teppich kürzer und kleiner machen und dafür über tausend Euro haben? Bekommt man dafür nicht einen neuen?« »Na ja, dieser Teppich wäre heutzutage 4000 Euro wert.« »Hätte ich mal in Teppiche investiert«, denke ich laut. »Dann nehmen Sie ihn bitte mit.«

Zwei Wochen später trägt der Fransen-Chirurg den geschrumpften Teppich wieder in mein Wohnzimmer. Er sieht aus wie neu. »Davon werden Sie die nächsten vierzig Jahre noch was haben«, verabschiedet sich der Reparateur. »Dann bin ich 94!«, rechne ich vor. »Vielleicht können sie ihn vererben«, sagt er, zwinkert mir zu und verschwindet.

Ich besitze also einen Teppich, der mich vielleicht überleben wird. Das ist ein ganz neuer Gedanke.

Sofort muss ich an mein Lieblings-Sweatshirt denken, Baujahr 1988. Kein Schneider würde es wohl mehr zu retten wissen, denn es hat fast so viele Gewebeschäden wie mein Teppich, bevor er überholt wurde. Heutzutage würde man das Sweatshirt als »Basic« einordnen. Es ist schlicht und schwarz und stammt aus der Zeit, als ich in einer WG in Berlin-Schöneberg lebte. Irgendjemand hatte es dort liegen lassen, und ab da gehörte es mir. Es passte gut in meinen Kleiderschrank, der fast nur schwarze Sachen beherbergte, dazu gehörte auch mein Lieblingsstück, ein Existenzialisten-Rolli. Das schwarze Sweatshirt konnte man überall und immer anhaben, darin schlafen oder bis morgens im »Mitropa« sitzen. Heute heißt der Laden »Café M«, damals hingen dort verwohnte Gestalten wie Blixa Bargeld und Nick Cave ab.

Mein Sweatshirt und ich haben dort viele schräge Vögel kommen und gehen sehen, die intersexuelle »Nachtigall von Ramersdorf« zum Beispiel, ein Gesangskünstler mit Falsett-Stimme und einem Hang zum Katholizismus. Mit meinem löchrigen Sweater habe ich diese Erinnerungen ins nächste Jahrtausend getragen. Ich werde ihn nie wegwerfen. So etwas wird nicht mehr hergestellt. Wenn ich mal sterbe, will ich ihn mit ins Grab nehmen.

Mein neues altes Auto hingegen wird es wohl nicht bis dahin schaffen. Fünfundzwanzig Jahre juckelt der Polo schon medioker durch Deutschland und kaum jemand wird sich an ihn erinnern, wenn er einmal irgendwo auf der Welt, wahrscheinlich in Afrika, auf einem Schrottplatz landet. Wir sind uns da gewissermaßen ähnlich: Er ist ein Auslaufmodell, wie ich, denn den Kampf gegen den Klimawandel wird er in Europa wahrscheinlich nicht überleben können. Anders als mein Auto jedoch will ich nicht so alt aussehen.

Ich überlege, ein Elektroauto zu kaufen, denn schon jetzt ist ein Verbrennungsmotor nicht mehr zeitgemäß. Mein Sohn und ich vereinbaren also eine Probefahrt mit einem Tesla Model 3. Die tüchtigen Autoverkäufer haben das »Performance«-Model bereitgestellt: Es hat große Alu-Puschen mit beeindruckenden Felgen, einen Carbonfaser-Heckflügel, und 487 PS sitzen – unter der Haube kann man nicht mehr sagen – irgendwo in diesem Automobil aus der Zukunft. Die Elektromotoren beschleunigen von 0 auf 100 in 3,3 Sekunden.

Von meinem 45 PS schwachen Polo in das E-Auto umzusteigen, ist eine Zeitreise. Schon die Türgriffe sind schwer auffindbar, in die Karosserie versenkt, eine Schlüsselkarte gibt mir die Macht über das Geschoss. Innendrin ist es sehr aufgeräumt. Da, wo sich sonst die Instrumente in den Armaturen befinden, ist nichts außer einer Holzleiste, die irgendwie aufgeklebt aussieht. Es würde mich nicht wundern, wenn man hier auch kochen könnte, indem aus der Mittelkonsole ein kleiner stylischer Gasherd hochfährt oder gar eine Minibar.

Neben dem Lenkrad ist ein großer 15-Zoll-Touchscreen. Ich übertrage sofort die Rolle des Co-Piloten auf meinen Sohn, denn darum kann ich mich jetzt nicht auch noch kümmern. Leon findet ziemlich schnell heraus, dass eigentlich er der Pilot ist, denn fast alle Funktionen des futuristischen Gefährts lassen sich über den Touchscreen lenken. Bedienungselemente wie Knöpfe suche ich vergeblich.

Vorsichtig betätige ich das Gaspedal – und wir rollen in die Zukunft. Das Pedal ist auch gleichzeitig eine Bremse, wenn man den Fuß herunternimmt. Es ist verdammt still in der Rechner-Einheit mit angeschlossener Karosserie. Doch sie gleitet herrlich dahin. An der dritten Ampel will ich ausprobieren, wie schnell wir auf 50 km/h beschleunigen können. Das müsste rein rechnerisch in unter zwei Sekunden möglich sein. Wow, wir werden in die Sitze gedrückt, ob wir gleich abheben? Das macht Spaß! Auf der Autobahn kickt es noch mehr.

Doch dann fängt es an zu regnen. Ich befehle meinem Co-Piloten, eine geeignete Intervallschaltung für die Scheibenwischer mit dem Touchscreen zu finden. Hat das Hightech-Mobil keinen Regensensor? Es hat leider noch nicht mal gut funktionierende Scheibenwischer. Ab 150 Stundenkilometern verwirbeln die Wassermassen, die Scheibe wird nicht richtig klar.

58 560 Euro kostet ein Tesla Model 3 in dieser Performance-Version, die ich mir gar nicht leisten kann. Aber das ist bei Testfahrten immer so: Sie geben den Kunden das bessere Modell, um sie anzufixen. Doch selbst, wenn ich über so viele Kröten verfügte, würde ich vom Kauf eines Autos ohne ordentlich funktionierenden Scheibenwischer absehen. Außerdem hatte ich schon immer was gegen zu aufgeräumte Küchen.

Ein bisschen Tradition kann nicht schaden. Versuchen wir es mit einem Hybridmodell, mit einem Verbrennungsmotor für die langen Strecken und einer Batterie für die Stadt, halb Zukunft halb Vergangenheit. Der Verkäufer von Mercedes ist sehr freundlich und führt uns eine C-Klasse vor, ein Plug-in-Hybrid-Modell. Mein Co-Pilot ist auch wieder dabei. Der Mercedes besitzt Bedienungselemente herkömmlicher Art, aber verfügt auch über eine Rechnereinheit.

Mit den neuen Autos wolle man nicht die alte Kundschaft vergrämen, deswegen gäbe es auch konventionelle Knöpfe, erklärt der Handelsmann. Seine Mutter könne mit diesem Touchscreen auch nicht umgehen, 56 sei sie, erklärt der junge Mercedes-Mann. »Vorsicht, Glatteis!«, denke ich, da springt mein Sohn für mich ein. »Da bin ich froh, dass das bei dir nicht so ist, Mama!« Der junge Mann vom Verkauf rudert sofort zurück und überlässt uns die teure AMG-Ausführung mit einer Sound-Anlage, die mehr wert ist als mein ganzer VW-Polo.

Wir haben großen Spaß mit den 311 PS und bei 230 km/h auf der Autobahn. Nur hält die Batterie nicht, was sie verspricht. Nach 20 Kilometern im Stadtverkehr schaltet sich der Verbrenner ein. Das ist schwach.

Man kann wohl nicht alles haben. Doch dieser Benz gefällt mir weitaus besser als die fahrende Küche ohne Scheibenwischer. Das liegt vor allem daran, dass er mir mehr Sicherheit bietet. Ich entdecke zunehmend ein Bedürfnis nach Dingen, die nachhaltig sind und bleiben.

Doch dann mache ich mich vorsichtshalber noch mal kundig. Ich spreche mit verschiedenen Leuten über die

Anschaffung eines umweltfreundlichen Autos, auch mit den Nachhaltigkeitsexperten beim SPIEGEL.

Plug-in-Hybrid geht gar nicht, übermotorisiert und zu schwer, so die Einschätzung. Auch die Herstellung eines reinen Elektromobils habe keine gute CO_2-Bilanz. Heraus kommt, dass ich den alten Polo am besten behalte, bis er stirbt.

Dann bleibt ihm die Reise nach Afrika vielleicht doch erspart.

Szenen einer unausweichlichen Annäherung
26

Es rumpelt ziemlich laut im Keller. Ich folge den Geräuschen. Lemmy jongliert vor einem Regal mit zwei alten Bällen und einer schrumpeligen Kartoffel. »Was machst du da?«, will ich wissen. »Nix ...«, lügt er. Ich schiebe mich an ihm vorbei und entdecke seinen beklebten Rimowa-Koffer ganz hinten in der Ecke.

»Du willst wohl nicht mehr so schnell verreisen?« Lemmy räuspert sich: »Rmshhht, äääh, neee, ich muss, äääh, will nicht mehr weg. Das ist doch okay, wenn ich bleibe, oder?«, will er wissen.

Ich schalte schnell: »Okay, du entfernst deine abgeschnittenen Fußnägel SOFORT, lässt mich nachts schlafen, und Haggis gibt's nur einmal im Jahr!«, diesen Deal oder keinen biete ich ihm an. Er nickt. Er weiß, dass er keine Wahl hat, wenn sein Koffer den Platz im Kellerregal behalten soll. »Wo warst du eigentlich, wenn du mit ihm unterwegs warst?«, frage ich jetzt, nachdem wir uns handelseinig geworden sind, doch noch mal nach. »Ich, äääähhhh, musste was mit meiner Ex klären«, antwortet er kurz angebunden. Ex – das ist neu für mich. Mit einem »Wer ist sie?« nehme ich ihn ins Verhör. Die Eifersucht packt mich hinterrücks. Ich mag ihn wohl doch mehr, als ich dachte ...

»Na ja, du hast mich nicht allein gepachtet. Aber, wenn es dich beruhigt: Sie ist tot.« Diese neue Information verschlägt mir die Sprache. Mein Mund schließt sich nicht mehr von allein. »Nein, 'tschuldigung, so meinte ich das nicht. Für mich ist sie gestorben.« Beruhigend, sehr beruhigend.

Die endgültige Liste

Es ist Zeit. Es ist Zeit, mit der nackten Wirklichkeit zurechtzukommen, dem ganzen Elend ins Auge zu schauen. Zu lange habe ich mir etwas vorgemacht, verdrängt, dass auch mich die Schwerkraft ruft. Das habe ich gelernt, seitdem das Alter mich überrumpelt hat, bei mir eingezogen ist und mich nicht mehr verlässt. Es hat sich bei mir eingenistet wie die Motten in meinem alten Teppich. Es gibt nur keinen Fransen-Doktor, der den Vorgang rückgängig machen könnte.

Das Alter und ich führen die merkwürdigste Beziehung, die ich jemals hatte. Sie ist irgendwie löchrig, aber insgesamt stabil.

Ich habe mich wahrlich nicht gerade schockverliebt, als wir uns trafen.

Doch, ganz entgegen meiner Gewohnheiten, habe ich meinen neuen Gefährten genauer unter die Lupe genommen. Früher habe ich nicht hinterfragt, wenn die Liebe über mich kam und mein Gehirn Dopamin ausschüttete. Ich war ein Junkie, manchmal habe ich es auch bis zur Ausschüttung des Bindungshormons Oxytocin ausgehalten. Das ging zuweilen aber auch schief.

Inzwischen ist die rosarote Brille verschwunden, wahrscheinlich habe ich sie zusammen mit meinem sinkenden Östrogenspiegel verlegt oder sie irgendwo fallen gelassen, ohne es zu merken. Ich hatte leider nur dieses eine Exemplar, denn niemand hat mir gesagt, dass sie einem überhaupt abhandenkommen kann.

Egal – ab jetzt sind wir zusammen, das Alter und ich. Auch, wenn es manchmal ungemütlich wird und immer wieder Überraschungen auftauchen, die ich so nicht bestellt hatte. Es ist alles in allem seltsamerweise okay.

Ich kann die Dinge jetzt so nehmen, wie sie sind, und muss mir nichts mehr vormachen. Seitdem das in mein Bewusstsein durchgesickert ist, lebt es sich ganz ungeniert. Ich bin mehr im Hier und Jetzt als jemals zuvor. Früher, so mit Ende vierzig, hatte ich ständig das Gefühl, on the road sein zu müssen. Die Zeit verging schneller und schneller, und ich rannte ihr hinterher.

Jetzt kann ich stundenlang Brombeeren aus dem Boden reißen, ohne das Gefühl zu haben, etwas zu verpassen in diesem wilden Leben. Das ist sehr meditativ.

Dass »Alter« ein Kerl ist, das weiß ich jetzt definitiv. Das ermöglicht mir noch ein kleines Ausstiegsfenster, ganz zum Ende hin. Denn Frauen haben eine durchschnittliche Lebenserwartung von 83, Männer nur von

78 Jahren. Das sind, rein statistisch gesehen, fünf Jahre, in denen ich mir noch mal richtig einen vormachen kann.

Bis dahin will ich mit ihm leben. Deswegen habe ich mich dazu entschlossen, alle Nachteile, die meine neue Beziehung mit sich bringt, einzupreisen. Seitdem ich meinen Bekannten an meiner Seite weiß, habe ich ihn zu schätzen gelernt und viele neue Erfahrungen gemacht. Ich konzentriere mich systematisch nur noch auf das Positive und schaue mir die schönen Seiten des Lebens in den Fünfzigern an.

Und hier kommt meine endgültige Liste von Erkenntnissen und Vorteilen, wenn man das »Alter« anerkennt und nicht mehr zu ignorieren versucht:

» Mir ist nichts mehr peinlich: #fuckboomercringe.
» »Scheidentrockenheit« ist auch nur ein Wort.
» Ich bleibe fit beim Alters-Weitsprung-Üben.
» Ich kann den Blockwart-Boomer in mir sofort vom Platz holen und ihn durch Hippie-Nina ersetzen. Ich bin die Trainerin!
» Ich kann einmal im Jahr die Gleichberechtigung mit Müttern und Vätern feiern. Es wird – natürlich – White Russian serviert.
» Ich verschenke meine hochhackigen Schuhe.
» Ich kann mich über einen alten weißen Mann in einem kackbraunen Golf freuen.
» Ich kann auch in einem uralten Polo durch Hamburg cruisen oder noch mehr Fahrrad fahren.

» Ich feiere ab jetzt jeden Geburtstag drei Tage und
  Nächte lang und lade nur junge Leute ein.
» Ich weiß, dass Donald Trump in Florida Golf spielt
  und kann seitdem besser schlafen.
» Ich gründe eine neue Hippie-Bewegung oder
  eröffne einen Salon für Innenhaarrasur.
» Bei Tinder, Bumble & Co. kann ich mich zu
  Forschungszwecken anmelden und viel Spaß
  haben.
» Ich lerne Lippenlesen und werde dann als Fuß-
  ballexpertin reüssieren.
» Ich kann weghören, wenn mir etwas nicht gefällt.
  Meine Ohren sind ja nicht mehr so gut …
» Ich verfüge über das alte Wissen, wie man wahre
  mixed tapes herstellt.
» Ich kann mich selbst hypnotisieren, einfach
  »hooya!« brüllen oder »Schubidu« singen.
» Ich kann mir die Speisekarte und alles andere
  vorlesen lassen und mich jederzeit mit der Alters-
  sichtigkeit rausreden.
» Ich muss mir nichts und niemanden mehr schön-
  trinken.
» Ich kann Studien an anderen Körperteilen als
  Nase und Ohren vornehmen.
» Ich habe genug Zeit, eine ordentliche Seebestat-
  tung zu planen und zu verfügen, dass mein altes
  Sweatshirt vorher mit mir verbrannt wird.
» Einmal im Jahr gibt es Haggis.

Szenen einer unausweichlichen Annäherung
27

Lemmy zieht an meiner Hand und reißt mich mit. Als wir um die nächste Häuserecke biegen, schreit er beglückt auf, als hätte er einen Schatz entdeckt. Wir kommen vor einem Kaugummiautomaten zum Stehen. Er ist rot, die Farbe blättert ab und zwei zerfetzte Aufkleber hängen daran. »Atomkraft, nein danke« und »Bier trinken ist wichtig« kann ich mit etwas Kombinationsgabe noch dechiffrieren.

Es ist 01:30, mitten in der Nacht. Lemmy beginnt Cent-Stücke in den Münzschlitz zu werfen wie ein Süchtiger am Glücksspielautomaten. Neun Kaugummis, drei Plastik-enten und zwei Flummis hat er schon herausgeholt. »Ich habe sehr lange nach diesem Teil gesucht. So schnell gebe ich nicht auf.«

»Lemmy, was soll das? Mir ist kalt, ich bin müde, und ich will nach Hause«, gebe ich ungeduldig zurück. Doch Lemmy dreht den Hebel wieder und wieder um. Der Automat ist schon fast leer, da ruft er in die Nacht hinein: »Yippie!« Das Echo des Asphaltcowboy-Schreis schallt durch die Straße.

Lemmy dreht sich zu mir, schaut wieder einmal wie ein sehr niedlicher Straßenköter, geht auf die Knie und fragt: »Für immer?« Dann, ohne die Antwort abzuwarten, steckt er mir schnell den Plastikring in Orange, Grün und Lila an den Finger. Unser Lachen hängt noch lange in den Häuserschluchten.

Was ich mal mache,
wenn ich wirklich alt bin

Es bleiben mir noch ein paar Jahre, um ernsthafte Pläne für meine Zeit im Ruhestand zu machen. »Alt ist man nur, wenn man nichts mehr vorhat«, den Spruch habe ich schon oft gehört. Alt sein, das finde ich mittlerweile nicht mehr so schlimm. Aber nichts mehr vorzuhaben, das kommt wirklich nicht infrage.

In Gedanken bereite ich meine Weltumseglung vor. Damit möchte ich irgendeinen Rekord brechen. Ich muss nicht die Schnellste sein, vielleicht bleibe ich ein Jahr in der Südsee. Dann bin ich noch älter als beim Start für die Ankunft geplant, logisch ... Die älteste Frau bislang hat mit 77 Jahren die Einhand-Nonstop-Weltumseglung geschafft. Ich könnte die älteste Frau der Welt auf der Runde werden, die Zwischenstopps einlegt. Ich bleibe da, wo es schön ist und umschiffe jeden Zyklon. Ich folge den Pottwalen und versuche, mit ihnen ins Gespräch zu kommen. Die alte Frau und das Meer – das gefällt mir! Vielleicht wird es auch ein doppelter Rekord: die längste Weltumseglung mit den meisten Stopps, unter Einsatz eines Klons bei der Passage der gefährlichen Kaps, absolviert von der ältesten Frau oder so.

Ich werde, wieder an Land, joggen. Und zwar mit meinem Gehirn: Als Gasthörerin an der Universität kann ich nicht nur Neues über die Astrophysik erfahren, ich bin dann inmitten blutjunger Leute. Ich bade dann geradezu in einer adoleszenten Quelle ewiger Jugend. Sie kommen und gehen, aber ich bleibe, so lange, bis ich nicht mehr folgen kann.

Ich träume auch schon davon, mit meiner Band durch Altersheime zu touren. Niemand wird sich darüber beschweren, dass die Musik zu laut ist. Das In-Ear-System zum Monitoring der eigenen Stimme kann ich vielleicht mit einem Hörgerät koppeln. Zur Not kann ich mich auch mit dem Rollator auf der Bühne bewegen, den Mikrofonarm klemme ich einfach daran fest und lehne mich dann samt dem Gefährt lässig wie Robbie Williams zur Seite. Das ist wahrer Rock 'n' Roll! Auf der Setliste stehen die großartigsten Songs unseres Lebens. Denn man findet in meiner Generation nur noch wenige, die auf Volksmusik stehen. Wir tingeln in einem Reisebus, in dem früher Rentner genötigt wurden, Heizdecken zu kaufen, übers Land. Darin haben wir uns extrem bequeme Schlafkojen mit 1,20 Meter Breite einbauen lassen, kardanisch aufgehängt, und

Sitze, die eine Massagefunktion mit zwei pulsierenden Lordosenblasen im Lendenbereich einschließt, wie Mercedes es im Multikontursitzpaket anbietet. Mit uns reist ein Internist, der sich auf Blutwäschen spezialisiert und den dazugehörigen Apherese-Apparat im Gepäckfach einlagert.

Zwischen den Touren rufe ich regelmäßig zu einer 90-Tage-Challenge auf, bei der auch andere rüstige Rentner mit mir gemeinsam »hooya!« brüllen. Eine halbe Stunde Training, dann trinken wir in der Muckibude des Seniorenheims heimlich Eierlikör.

Ich werde die Vorteile nutzen, die Reiseveranstalter für Menschen ab sechzig mit vielen Vergünstigungen anbieten. Ich lege mir eine Senioren BahnCard zu und tingele quer durch Deutschland. Die 50 Prozent Rabatt, die ich dabei spare, reinvestiere ich in Rindergulasch nach ungarischer Art und Grauburgunder im Bord-Restaurant (»Genuss auf ganzer Strecke«).

Doch meinen Führerschein werde ich behalten, bis ein Amtsarzt die Rückgabe anordnet. Ab und zu steige ich dann in meine rote Luden-Schüssel, ein in die Jahre gekommenes Mercedes-Cabrio, und cruise damit durch die Straßen von Hamburg. Die überdimensionierte Bordanlage spielt dabei »Buffalo Stance« von Neneh Cherry. »Who's looking good today ... you better watch ... don't mess with me!«, singe ich dann laut mit.

Dieses Rentnerleben, das garantiert nicht langweilig

wird, bietet genug Stoff. Ich schreibe auf dieser Grundlage dann ein weiteres Buch und nenne es »Super Sixties«. Und immer, wenn es doch ein wenig zwickt, vielleicht neue unbekannte, altersbedingte Beschwerden auftreten, erinnere ich mich an einen Satz, den mein Sohn mal gesagt hat: »Mama, du bist einfach unverjährlich!«

»Unverjährlich«. Ich fordere, dass dieses Wort sofort im Duden aufgenommen wird.

PS: Ich hoffe, unsere Exkursion in meine verwirrten Gehirnwindungen auf der Schussfahrt ins Alter hat Ihnen gefallen, liebe Leserinnen und Leser. Zugegeben, es war auch ein spannender und erkenntnisreicher Riesenslalom, der sich zeitweise anfühlte wie auf einer hubbeligen, schwarzen Buckelpiste absolviert.

Man muss nur heil unten ankommen ...

Ich soll Ihnen noch ganz liebe Grüße von Lemmy ausrichten. Wenn Sie mögen, schickt er gern seinen Kumpel vorbei.

PPS: 542. Tag. Nase und Ohren 6,0 Zentimeter, unverändert.

Wenn Sie Lemmy musikalisch folgen möchten, können Sie seiner Liste unter folgendem Link bei Spotify lauschen:

https://open.spotify.com/playlist/5JJNz8qEygMtqfnW gwbYNK?si=HmPJvYTGTf2bRvO5G1OeEA&dl_ branch=1

Dank

Ich danke von Herzen meinem wunderbaren Sohn und steten Quell der Freude Leon (und der bald nicht mehr hellen Elle), Frau Vai, Schub-i-du-Katrin und Anke. Ohne Euch hätte ich den ganzen Bums bestimmt nicht in den Griff bekommen.